# 芭芭拉

## 史翠珊: 青涩岁月

Frank Brady

NY Creative Publishing

Barbra: The Early Years
芭芭拉·史翠珊: 青涩岁月
Copyright © 2015 by New York Creative Publishing
http://publish.nycreative.com

Printed in the United States of America

ISBN-13: 978-0-9899137-9-9

10 9 8 7 6 5 4 3 2 1

致布　克林:



在　　作者想特　感　　西·布朗蒂以及赫·沃克　位
在本　　　程中　予的　助。

# 1 | 当芭芭拉还是芭芭拉

不同于芭芭拉本人撰写的关于她第一次百老汇音乐剧的自传《playbill》中的描写，芭芭拉·史翠珊并不是出生在马达加斯加、仰光、以及桑给巴尔这类不寻常的地方。1942 年 4 月 24 日，芭芭拉·琼·史翠珊出生在布鲁克林区威廉斯堡的普拉斯基街；一个破旧但又丰富多彩的街区；这是一个汇集着第一代第二代犹太人移民的社区。虽然芭芭拉出生平凡，但最幼时的记忆却证明了她，这个未来与众不同的存在。芭芭拉直到两岁做了忏悔后才开始长头发，这使她觉得自己像个火星人。

作为埃马纽尔和戴安娜·史翠珊的女儿，芭芭拉并不记得自己的父亲。她的父亲在 34 岁时死于脑淤血；当时芭芭拉只有 15 个月大。她的父亲是一位拥有哥伦比亚大学教授学位的英语和哲学教师。在她的童年里，她对她父亲的事业逐渐产生了兴趣，并且以此为荣。她的父亲经常是她与别人交谈的主题，亦是她思想的中心。

数年后，在芭芭拉的自传性电视节目《我的名字叫芭芭拉》中，她唱了一首名为《我父》的圣歌，送给她那从未真正生活在一起过的父亲。她经常提及，如果她的父亲一直在世的话，她的生活将不会如此孤单。(《我父》收录在并不流行的1965年歌剧《叫喊》中，由麦克·雷纳德，一个被誉为秀场圈内最被埋没的人才所创作。)

芭芭拉和她母亲的关系并不理想。在同个电视节目中，她所唱的一首涉及一位母亲告诫女儿的歌曲里——婴儿都是在瓶中长大的。这首歌也许隐喻了她自己的母亲，一个被她描述为"极其简单、不聪明、没有艺术细胞、喜欢安全感，十分平凡"的人。

没有父亲的陪伴，芭芭拉的童年充满了忧伤，有时甚至使她抑郁。她的家庭并不是穷困潦倒，但在一定程度上也算贫穷。当芭芭拉出生时，她已经有一个7岁大名叫谢尔顿的哥哥。在她的父亲死后，她的母亲事实上好几年没有任何社交活动。整个家依靠于她的一个叔叔的军队津贴。当津贴发放完了，戴安娜找了一个图书管理员的工作。

戴安娜那微薄的收入刚好能支撑家庭的基本开支，但无法支付任何奢侈品。芭芭拉夜晚睡在客厅的沙发上，白天在她那6层楼的公寓楼道中度过。她时常自娱自乐并接受邻居给的零食。

人们常说芭芭拉看起来比她实际的年龄老得多，但生活在布鲁克林区，这对任何年轻人来说都是艰辛的。

对芭芭拉来说，因为她那不平凡的长相和她的羞涩，生活更是如此艰辛。为了生存，大部分孩子在并不优裕的条件下不得不使用自己的小聪明和机敏——有时偷一些糖果、书本和学校提供的补给。芭芭拉并不例外，她凭借自己的想象力和狡黠，一天又一天让自己得到最大的满足。

自给自足成为了她生活的一种方式。比如，她想要一个从没有过的娃娃，她就把热水杯穿上粉色的毛衣和帽子。

她尽可能的让自己远离她那沉闷的公寓。当她四岁时，她会拜访她朋友欧文的公寓；欧文的父母当时有个七寸半的电视。当欧文的母亲在厨房烹饪卷心菜夹肉或缝衣服时，这两个孩子就会通过放大器看劳伦和哈迪的电影。

她的前三年学生生涯是在布鲁克林区的叶史瓦。在那里她因为她的怪诞而出名。当拉比（犹太教学者）离开教室时，年轻的芭芭拉就会大喊"圣诞节！圣诞节！"

芭芭拉是一个喜欢独处的人。她声称那时的自己是丑陋并干瘦的——一个头戴缎带，看起来很可笑的小女孩。她实在太瘦了，事实上，她的母亲拒绝让她学习舞蹈，因为害怕她会因此骨折。当芭芭拉七岁时，史翠珊女士终于心软，让她的女儿进入了一个小型舞蹈学校。

当回想这段往事时，芭芭拉明确表示，她当时根本不敢奢望未来自己能结婚生子，或拥有任何这些能让自已活得普通快乐的东西。

在七岁时，她在本地的 PTA 会议上，作为歌手首次登台。尽管那一整天因为严重感冒而不适，她还是和母亲争辩，直到母亲允许让她表演。最终，掌声成为了她的灵药。

同年，芭芭拉的母亲嫁给了路易斯·凯德，一个相当成功的房地厂商。芭芭拉并不太关心她的继父以及继父带来的梦幻般的生活，她反而变得更孤僻了。几年后，1951 年，芭芭拉同母异父的妹妹，罗思林出生了。

芭芭拉没有任何约会，只有少许的朋友。她整日悄悄把自己锁在浴室里，试着不合适的假睫毛，自己演绎电视广告。她也会花几个小时在公寓的楼顶唱歌，吸烟（她在 12 岁时戒除了这个嗜好）。她梦想着成为明星——不仅仅是一个成功的艺人，而是一个真正的明星。芭芭拉成了一个电影狂热者，如饥似渴地翻阅影迷杂志，似食爆米花。

当她进入布鲁克林的伊拉斯谟高中后，那充斥着兄弟会，姐妹会以及 14 岁就谈情说爱的氛围，这使得芭芭拉感到比之前更加不安与害羞。

芭芭拉试着避免和同学的接触。但是放学后，她会来到相片店。在那里，她涂上睫毛膏和橘红色的口红，摆出各种拍照的姿势，她觉得这样非常妩媚。

芭芭拉会反复穿看起来怪异的衣服，因为她觉着她与其他女孩不同，并希望以此转移大家的注意力——从她自以为丑陋的地方，到她的衣服上去。她的同学们追捧着当时的潮流，包括当时做手术削短鼻子的热潮，芭芭拉却在寻求着与众不同。实际上她有时会揶揄自己那奇怪形状的鼻子，虽然如此，她仍拒绝"整修"她的鼻子。

十一岁时，她开始给她的邻居穆雷·蔡当保姆来挣钱。在那一年里，她也在蔡的中餐馆里当收营员和服务员。芭芭拉与一个和她探讨人生与性的中国女士相处非常融洽。那个女士甚至教了芭芭拉一些中文。被少数群体所接受使得芭芭拉更有安全感。这种感觉就像世界与这个中国餐馆还有芭芭拉为敌。

1952 年，一个意外让芭芭拉意识到自己生来就是演员。她的母亲因为芭芭拉装聋了几个小时而掌掴了她。她母亲深信不疑——通过这场表演，使得芭芭拉坚信自己有戏剧天赋。她开始更专注于她的表演事业。

尽管离曼哈顿的剧院只有 20 分钟的地铁路程，芭芭拉直到 14 岁时才见识到了百老汇的绚烂。她的母亲带她看了一场《安妮少女日记》。

芭芭拉并没有被这场表演所折服——她觉得自己可以饰演其中任何的角色，甚至更好。她催促她妈妈送她去在纽约上城的暑假表演训练营。通过自己的创造力和在中国餐馆打工赚来的钱，芭芭拉筹集到了在马尔　桥表演训练营前两个月的经费。在那里，她第一次登台演出，在《秋月茶室》里，骑着一头羊穿过舞台。

当她从训练营回来后，表演占据了她清醒时的大部分时间。她开始在布鲁克林区一个有名的电影院"勒夫国王"，担任女引座员。这个地方成为了她生活的避难所和奇幻之地。芭芭拉还记得，她一直想要成为电影中的角色，而不是女演员；成为斯佳丽·奥哈拉，而不是费雯·丽。当她引导一个顾客到位置上时，她会遮住自己的脸，这样那些顾客就不会认出她——因为她知道有一天自己会成名，她不想被人做为女引座员而记起。

在 15 岁时，芭芭拉变得更加独立了。她在纽约格林威治村的"樱桃街剧院"做晚班，担任一些搬椅子和填涂风景的工作。在那里，她遇见了导演艾伦·米勒和他的妻子安妮塔。

通过各种途径，他们改变了芭芭拉的生活，带领她进入文学艺术和戏剧表演的精彩世界。芭芭拉经常照顾他们的小孩。当孩子睡着时，她会阅览他们的书籍，并且通过他们的高保真音响聆听各种音乐。在她 15 岁的夏天，芭芭拉回到了马尔登桥训练营，在《电脑风云》和《野餐》中演出。

回到了布鲁克林，芭芭拉的生活比之前更加乏味。她的继父和生母离异了。她在学校继续保持之前的状态，并且拒绝参加高中里的戏剧表演：她觉得自己应该进行专业表演，在学校的业余表演对她来说毫无意义。

对芭芭拉来说，布鲁克林变成了一座"棒球与无聊"之城。与之前整天靠做白日梦和从邻居家拿零食吃来度日的生活相比，现在，她开始寻找那些在屋顶吸烟的日子里的文化空白。

芭芭拉热爱阅读的书籍，直到她 16 岁时，大部分是《少女妙探》这类奇幻书籍。当她对表演痴迷后，她会来到纽约公共图书馆，阅读大仲马的戏剧和其他著作，其中就有莎拉·伯恩哈特和爱莲诺拉·杜丝所表演过的。她也阅读俄罗斯的戏剧和小说。那时她听到人生第一首古典乐——由史特拉汶斯基创作。

芭芭拉开始倾注几乎她所有的课余时间在曼哈顿，或在图书馆里阅读，或在外百老汇剧院试着学习未来的技艺。为了充实在地铁上的时间，她会写信给"艺人演播室"的李·斯特拉斯伯格，阐述她自己的演艺理论。她也会评论她所见的一些表演，并且解释如何扮演这些角色。

不幸的是，斯特拉斯伯格从来没有机会从这个年轻女演员的想法中获益，因为芭芭拉从没有寄给他这些信。芭芭拉写完每封信后就会将其撕毁并扔掉。斯特拉斯伯格并没有从芭芭拉的表演评论中获益，但芭芭拉自己却得到了；事实上，通过这些信，她自己教自己如何表演。

芭芭拉在伊拉斯谟高中的最后一年里，她的母亲送她到了打字学校——这是一个对现实生活的让步。她的母亲认为自己的女儿不可能通过表演来得到体面的收入。芭芭拉太瘦、太不吸引人、太古怪。芭芭拉却拒绝让步。她故意让自己的指甲长长，这样她就不能打字了——她害怕，如果她学会了打字，她将会无法避免地成为一个秘书。

芭芭拉忠于自我，坚定地相信着自己有很强的表演天赋，并且相信，如果她让自己屈服于别人对她社会位置的偏见，就会浪费了这些天赋。她清楚自己是谁——该做什么，并且相信什么是对自己最有利的。

在 1959 年，芭芭拉从伊拉斯谟高中毕业，同时因她93 分平均分的西班牙语成绩而得到一枚奖牌。她看起来有外语学习的诀窍。不仅仅局限于西班牙语，她也自学了意大利语，甚至通过她的朋友穆雷·蔡学会了些简单的中文。她告诉一些熟人，当她富有的那天，她会请老师来到她家，教她希腊语，日语和其他语言。

毕业后，芭芭拉找了一份在曼哈顿当电话总机分配员的工作。在晚上，她会学习表演。最终，曼哈顿和布鲁克林的差别对她来说变得越来越无法忍受。当她在银行里有了 750 美金后，她离开了那只有"棒球和无聊"的土地。

芭芭拉的母亲继续反对她，和她说她没有天赋并且无法引人注目。也许她母亲如此反对的原因部分来自于她自己没能在表演事业上有所发展的过去。她的母亲曾经学过歌剧，但发现从布鲁克林到曼哈顿的行程太过辛苦，并最终放弃了她的学习。

这个失败，使她母亲觉得演艺事业太过不安稳，从而驱使她与芭芭拉的雄心壮志对抗。讽刺的是，芭芭拉能在娱乐圈有如此的地位，有一部分原因正是她的母亲。

芭芭拉下定决心，要向母亲证明，她不仅仅只是一个瘦削的孩子。在 17 岁时，她搬去了城里，并且她想让自己的母亲、同学，以及这个世界看到，她将很快成为一位巨星。

# 2 | 让一切向我进发

芭芭拉·史翠珊在 1959 年夏天来到曼哈顿，随身只有一个装满着狂野和美妙梦想的旅行箱；梦想着成为世界上最伟大的女演员。她下定决心要做下一个伯恩哈特并且坚信——梦想终会成真。

她向曼哈顿"进攻"，就像她是世上唯一一个拥有足够大的勺子，能够解决曼哈顿这个巨大冰激凌圣代中甘甜而又胶着的糖分的人。当然，她第一个任务就是学会一门手艺。

她同时进入了 3 个不同的表演学校，希望能尽快学习到知识。为了不让老师发现她同时在和其他老师学艺，她启用了假名；安吉丽娜·斯卡兰杰拉——一个她在曼哈顿电话黄页上找到的名字，她甚至把它印在配套的封面上。

芭芭拉完全投入到了她的表演课程中。从她的表演老师，艾伦·米勒那里，她不仅学会在舞台上应该干什么，并且还学会了什么不该做。通过练习和旁观其他学生，她完全地吸收了课程中的知识。经过这些练习的累积，芭芭拉越来越确信她所学的最重要的一课是相信自己。

她会观看同学们做放松训练，这是一种独自站在舞台上，任凭其存在的训练。她发现一些同学透露出的紧张——一些细小的抽搐，暴露出他们的紧张。她知道——这些对自己缺乏信心，无法在舞台上表现出真我的人，将永远无法成为明星。她下定决心不犯这样的错误。

芭芭拉早期在纽约的日子，和其他在这个大城市里，年轻并充满雄心的艺术家并无大异。她一天天过着琐碎的生活，做各种奇怪的工作，靠失业救济金来支撑开销，并且接受一部分朋友的救济。

有好几个月她居无定所，只能带着一小打衣服四处游荡，因为她不知道她会在哪里度过那些夜晚。她有她朋友公寓的钥匙，并且将它们系在她的皮带上。

能有一个住所对芭芭拉来说都算奢侈：她有时会睡在办公室、楼道或者朋友单身公寓的地板上。在那时，她会随身带着一张折叠床。

不管是在当电话接线员，或是电影院引座员，还是站在领取失业救济金的是，她的脑子里总是想着如何找到一个演出的角色，任何演出都行。她会阅读有关戏剧表演的报纸，比如《演艺界》和《综艺》，坚定不移地寻找着选角的机会，不放过任何试镜的机会。

经过一次次的尝试，她了解到表演试镜是如此的辛苦和令人泄气。纽约是一个充满身怀抱负的演员的地方，并且制片人和导演能够因为渺小的买方市场而放任一切。

有一次，芭芭拉穿了一件老式雨衣和一条紧身裤来到了一个比特尼克的试片场。尽管她只是试演一个不说话的小片段，她也没有被雇佣，因为她没有任何经验。这次经历激怒了芭芭拉，她将自己想说的都对那些拒绝她的人说了出来，没有一点掩饰——她永远也不会再向这些人找工作。如果他们想要她，他们必须亲自去找她。

当芭芭拉失去了在打印中心当电话接线员的工作后，她在失业中心也遇到了麻烦。她本来是要寻找电话接线员的工作——但现在却变成了寻找表演的工作。

当失业中心的人发现了此况——他们停止了发放芭芭拉每周的救济金。现在芭芭拉不得不找工作，任何工作，并且越快越好。

她的朋友告诉她，在格林威治村的酒吧，正在举办一个歌唱比赛。优胜者可以得到 50 美金，并有可能得到一周的歌手合同。在那里同时也会有免费食物。芭芭拉饿极了——她想要食物、金钱还有掌声。她决定参加这个比赛，尽管她想要做一个演员，而不是歌手。

为了鼓起自己的勇气，芭芭拉准备了专项练习。这次预演并非在华丽剧院，抑或在有名的前辈面前——而是在她朋友公寓的厨房里进行的。

她实在太紧张了，以至于她都不敢面对一小群为她加油的朋友。因而她就此转过身，背对厨房里的观众，唱了一首《沉睡的蜜蜂》给挂在墙上的日历。当她唱完后，转身面对观众，发现她的朋友眼中含着眼泪。有了这次的经历，芭芭拉参加了比赛。

她取得了胜利——尽管这成功并不是她一直以来所梦想的。芭芭拉还是想当演员。

到那时为止，她还是无法突破试镜和得到表演工作的无尽循环。但是她还是谨慎地认为这份唱歌的工作能够至少给她提供一个站在舞台上的机会。

在1960年的6月，芭芭拉在西村第九街的一个同性恋酒吧——"狮子"，首次登台演唱。身着一件羽毛夹克，画着极度白皙的妆，芭芭拉在这个拥挤的、充满烟味的酒吧里引起了一阵骚动，她甚至都没开口唱歌。

那些男孩已经准备好怎样将这个妖媚、多姿多彩的歌手"撕裂"。但是当芭芭拉开始唱《沉睡的蜜蜂》的第一段时，所有人都沉默了。他们不知为何芭芭拉可以将这首歌曲演绎得充满感情、清晰而又充满激情。所有人都目瞪口呆、肃然起敬。

听众近乎疯狂了。她轻而易举得击败了轻歌剧歌手、流行歌手，和一个喜剧演员。她似乎远超她们好几个层次。

这些对芭芭拉这样一个从没去过夜店的人来说很新

奇。"狮子"俱乐部每周给她50美金报酬，以及食物（因此她喜欢上了伦敦烤肉）。不久，管理层带她到街上饰演经典的《晚上好》。

在台上，芭芭拉突然发现自己嘴里还含着口香糖；她立刻吐了出来并黏在麦克风上。观众们因此大笑。

尽管观众喜欢她的歌声，但同时也享受她演出中的喜剧效果。他们并非唯一一发现芭芭拉拥有喜剧天赋的人。在《滑稽戏》中，拉里·斯托奇将芭芭拉在《晚上好》中的表演登上头条，并且告诉史翠珊："你将会成为明星。"泰格·海耶斯的女友也被这个表演所吸引，并且说："孩子，你有很多上百美金的合同在等着你。"

在"狮子"俱乐部和《晚上好》的秀场之间，芭芭拉名字正中的"a"被去掉，这正是她长久以来所厌恶的——为了方便拼写。提这个建议的人告诉她不用担心自己的名被改写，而是应该改掉自己的姓。芭芭拉听进了这些，然后想到了个相反的办法：她舍弃所有名字中的字母，只留下一个"B"。

"现在，《晚上好》秀场骄傲的介绍芭芭拉·史翠珊小姐，同时也被人熟知叫安吉丽娜·斯卡兰杰拉，来自土耳其的士麦那"。芭芭拉手握麦克风，就像经验老道的歌手。她唱了一首性感的成人版《谁怕大坏狼》。她通过将这首歌个性化，展现出自己独具一格的方式，使得在场的所有听众瞠目结舌。

为了寻找新的歌曲来演唱，她经常假扮沃恩·梦露的秘书给出版公司打电话。她会甜甜地说，梦露先生需要在他的表演里加入新鲜的歌曲，并且建议他们送一些免费的音乐稿。

她在舞台下的表演大部分都很成功；芭芭拉的邮箱总是塞满了音乐带。

对于想要在夜店圈成名的歌手来说，《晚上好》秀场是最理想的表演地。随着关于芭芭拉神奇唱功的传闻四处扩散；芭芭拉 108 美金的一周合同——被延长到了 11 周。

顾客们蜂拥到了第八街的一个地下小酒馆——为了目睹也许是 20 世纪最杰出女性流行音乐歌唱家的出现。他们中的很多人感觉到了年轻的史翠珊小姐会达到新的明星巅峰。他们都喜爱她，每人都表示自己发现了新星。

一起喝酒的邀请接踵而来，但芭芭拉，再也不是年幼时的害羞姑娘了。她会告诉他们她不需要喝酒，但是她饿。让他们惊奇的是，芭芭拉常常说她更想要烤马铃薯，并且特别要求烹饪方法：全熟，外脆里嫩。

正是在第一次《晚上好》秀场中，芭芭拉成为了自己一直梦寐以求的女演员。如果她无法在戏剧中表演，那她将会通过唱歌来表演。

她发现，唱歌比表演更难。在台上，独自一人，没有其他表演者的帮助或接唱歌词。她开始尊敬唱歌，这个她的第二职业。

在《晚上好》秀场里，芭芭拉遇见了她的经纪人，马蒂·埃里希曼，一个没有正式合同却愿意合作多年的人。

在她破纪录的十一周合同后，芭芭拉被邀请去外百老汇秀，《与哈里·斯通斯的另一个夜晚》。这个怪异而又讽刺时事的滑稽剧成为了芭芭拉舞台剧的完美初次亮相。（事实上，芭芭拉早在1960年就完成了她的舞台处女秀——她当时在"简·哈斯"剧院的名为《昆虫》的戏剧中，饰演一只蝴蝶。）

在《与哈里·斯通斯的另一个夜晚》的表演中，芭芭拉在九个短剧中出演，并完成了三首独唱和一首合唱。合演演员包括戴安娜·山德，她之后成为了舞台剧版的《俏冤家》中最早的多丽丝；还有有趣的男人，多姆·德卢西。

在1961年10月21日，芭芭拉·史翠珊在格勒姆西艺术剧院出演《与哈里·斯通斯的另一个夜晚》，正式完成了她在外百老汇的初次亮相。不幸的是，那晚成了绝唱，再也没有后续的表演。

来自《先驱论坛报》和《纽约时报》的批评不绝于耳。但是，来自于《综艺》和《村声》都一致点出史翠珊独有的天赋。

"芭芭拉·史翠珊是一个纤细、另类、面无表情的喜剧演员，有着出色的黑色幽默感，将轻松幽默的音乐气氛带到新泽西。"《综艺》杂志如是说。麦克·史密斯在

《村声》里评论："芭芭拉·史翠珊能够在结合歌词旋律的同时自娱自乐。"

在《哈里·斯通》的表演之后，芭芭拉开始和"蓝天使"——届时纽约首映的夜店酒吧进行良性互动。那里有她所需要的演出。

"蓝天使"催生了如哈利·贝拉方特、卡罗尔·博内特、多罗西·劳顿、尼古拉斯与梅、迪克·格雷戈里这些未来之星。鲍比·肖特是那时在鸡尾酒吧台的钢琴手。

埃里希曼尽全力为芭芭拉安排了可以上的任何电视访谈秀。她讲话的方式很快就吸引了每一个人的注意。专栏作家彼得·哈密尔将她在电视上的形象形容为"詹姆斯·乔伊斯和凯西·史丹格尔的结合体。"

在芭芭拉用一首音乐版《快乐之日重现》俘获"蓝天使"听众的夜晚，剧作家亚瑟·劳伦茨就在那些听众之中。劳伦茨随后创作了《往日情怀》，他被芭芭拉的表演深深震撼了。在那时，他正要导演大卫·梅里克的最新百老汇音乐剧——《我可以替你批发》。

劳伦茨决定必须给芭芭拉在这个秀中预留一个角色。当芭芭拉应邀来试演时，她所演绎的歌曲激发了作曲家哈罗德·罗马的创作灵感，制片人梅里克欣喜若狂。耶塔·特西·马暮斯兰——壁花秘书的角色，分配给了芭芭拉饰演。她的天赋是毋庸置疑的。之后，罗马评论道："当我们听说了这个孩子时，她用歌声震撼了我们的耳朵。我们立即决定给她增加戏份。"

在 19 岁时，她签约了她的第一个百老汇音乐剧——合同为每周 150 美元。（在那里她遇见并爱上了埃利奥特·古尔德）。

芭芭拉作为个性倔强的表演者的名声在她百老汇的表演前就传开了。在她夜店的演出中，她能选她自己想唱的；她是她自己的制片人、导演和编舞老师。

但在剧院，这些都不一样了：芭芭拉并不是夜晚新星，而只是个在情景 2 中有段独唱的次要角色。在排练中，她仔细听取了导演的指示——然后进行了反驳。芭芭拉天生就有直觉，知道什么对自己最有利，她想要用她自己的方式来饰演她的角色。莉莉安·罗斯，演出中的明星之一，欣赏芭芭拉的尝试并尝试着给予她帮助。

但史翠珊是独立的——她不想接受任何人的帮助。甚至于在她的百老汇首秀前，剧团气氛十分紧张，芭芭拉差点被辞退。

《我可以替你批发》是一部关于纽约 1930 年代服装设计区的音乐剧。大萧条、理想主义、职业机会主义和不停工作的工作者都通过歌唱、舞蹈和对话在这个音乐剧中呈现。

在百老汇的预演中，整个音乐剧经过了无数次修改。芭芭拉的情景 2 中的入场方式是深夜讨论主题。最终，有人决定芭芭拉不应该走上台唱她的哀歌《马暮斯兰小姐》。她会坐在旋转椅上——背对着观众。

当她转回身，穿着庄严的衣服，梳着蜂箱式的发型，观众们因此忍俊不禁。然后她开始唱歌。她的独唱转身实在太令人难忘了——以至于剩下演出都相形见绌。

1962 年 3 月 22 日，在纽约的首演之夜，芭芭拉受到了热烈欢迎。但是，整个演出的反响却不温不火。约翰·麦克兰在《美国纽约日报》中写道："《我可以替你批发》应该被叫做《如何没有做到非常真诚或非常有趣，却能差点取得商业成功》"。但他补充道，"在其中扮演了秘书的芭芭拉·史翠珊，像和蔼的食蚁兽一般，在"马暮斯兰小姐"的光芒下有属于她自己的时刻。"

《纽约时报》的霍华德·塔布曼评论道："整个夜晚的亮点是芭芭拉·史翠珊，一个有怪异外表，响亮而又性感的嗓门和琵琶般笑声的女孩。史翠珊小姐是天生的喜剧家，罗马先生给了她一首如骤雨般扣人心弦的有趣歌曲，来感叹她的秘书命运。"

《纽约每日新闻》的约翰·查普曼评论道："我不能找到任何角色来给予赞誉或喜爱之情。不过，我猜这里应该有一个——但她只是整个故事中的小老鼠。她是一个忙碌的、暴躁、又身着普通衣服、长相普通的女秘书，并且她滑稽地被一个 19 岁的百老汇新人所扮演，她就是芭芭拉·史翠珊。"

芭芭拉的男友埃利奥特·古尔德很少被评论家提起。尽管她想要退出那个秀，她担心会伤害埃利奥特。

芭芭拉的母亲来到首映式的晚上，但芭芭拉觉得她的母亲从未欣赏或理解她的演出。不管怎样——这种感觉反映出她们之间的伤痛和距离。在音乐剧那 9 个月的演出中，芭芭拉获得了纽约戏剧评论奖的最佳音乐剧配角；她也首次被提名托尼奖。

为了使她的嗓音保持最佳状态，她会在《晚上好》的秀场之后唱歌。在那里她可以随心所欲地歌唱，不需要迎合导演对她角色的要求。

芭芭拉在《我可以替你批发》中遇到了各种麻烦。甚至在她自己写写的自传中，根据她自己提供的信息，《Playbill》引起了一个小丑闻。在那个文章中，写道："芭芭拉·史翠珊，19 岁，出生于马达加斯加，在仰光长大，于布鲁克林的伊拉斯谟高中读书，并出现在外百老汇的名为《与哈里·斯通的另一个夜晚》的一夜秀。她不是演员工作室的成员。"

《Playbill》的编辑们觉得很愤怒。他们强烈想知道芭芭拉幼年时的真相。校正版被制作出来，上面写道："芭芭拉·史翠珊 20 岁，生在桑给巴尔，在阿鲁巴长大，并于布鲁克林的伊拉斯谟高中读书。"

编辑们并没有赞扬史翠珊特殊的幽默感。芭芭拉觉得如果她不能亲自撰笔，她宁愿什么都没有写。《我可以替你批发》上映后的三个月，史翠珊自传的准确版本在《Playbill》里出现："芭芭拉·史翠珊，20，出生并在纽约布鲁克林长大，在布鲁克林的伊拉斯谟高中念书。"

当《我可以替你批发》的大幕落下，在 1962 年 12 月 9 日，芭芭拉不需要像其他演员那样面对失业的危机。

埃里希曼已经为她预定了全国顶级俱乐部的巡演。

她来到芝加哥、洛杉矶、旧金山和拉斯维加斯。她是巡演中最炙手可热的歌手，有着 7500 美金每周的薪水——所到之处，她的歌声让人泪流成河，触动数以千计的人的心。

她也同样被各大电台所追捧，在朱迪·嘉兰、鲍勃·霍普、艾德·苏利文和戴拿·舒的节目中亮相。不管来的哪里都会俘虏观众的心——她甚至引起了肯尼迪总统的注意。当时肯尼迪在戴拿·舒的节目看到她，于是就邀请了她到白宫记者晚宴做表演嘉宾。她高兴地接受了邀请——她视肯尼迪为伟大的男人。肯尼迪问她会唱多久，她回答说："像你当总统以来那么长。"

芭芭拉给林登·约翰逊总统的就职演唱中就显得没有那么喜悦；她被肯尼迪总统被刺身亡和这件事所带来的变化所深深悲哀。

# 3 | 舞台与影视

芭芭拉曾告诉采访者："他们告诉我我终将会赢得所有——艾美奖、格莱美、托尼奖和奥斯卡奖。能够获得这些奖项是一件十分美好的事情，让我变得富有，将我的名字刻在华盖上让全世界的人知道。但是，我每一天都在过我自己的生活，我无法理解为什么每一天不能过的有声有色，你明白吗？"

随着芭芭拉在全国各个领军的夜生活场所表演，她开始逐渐吸引来自各个顶尖流行杂志的乐评人的关注。在 1963 年早期的《时代》周刊上曾经写道："当她歌唱时，几乎每一个人都知道她所要表达的涵义，即便是一首很平庸的曲子，她也可以让整个屋子的人静谧，就如同她真的有值得一说的事情一样。芭芭拉很少直接击中高音音符，她经常优雅地使用滑音，这使得她的八分音符听起来像是故意的。她的风格可以说和霍恩·莉娜如出一辙。"

在 1963 年 8 月 27 日，《星期六晚邮报》的专栏作家彼得·哈密尔将最新的歌唱情感以如下形容："当她开口唱歌时，芭芭拉瞬间变成了另一个人一般。她的目光凝视着空间里某个遥远的地方，她的嗓音是那么的空灵，她的脑袋自然地倒向一边，她似乎可以将埃及的绘画与诱人的幽灵完美的结合在一起。她拥有嘹亮的歌喉，饱满又细腻。让人悸动又充满了感情。"

在 1963 年的 12 月，芭芭拉被《电影生活》杂志评为年度艺人。"无论是纽约的'蓝天使'还是好莱坞的'椰树林'，她吸引了无数的人，甚至让繁忙的服务员都想在拥挤的餐桌旁坐下聆听。"

对芭芭拉而言，一夜成名让她感到惶恐，而那些不如她有名的人对她的嫉妒之心也让她十分苦恼。她开始怀念自己早期在"狮子"表演时的那种自然而然；现在，当她意识到人们为了看她的表演将要耗费巨资之后，她更加激励自己要努力带给大家更出色的演出。唱歌不再是为了娱乐；而是一项工作，一项艰巨的工作。

虽然芭芭拉在她的跨国夜总会巡演中，几乎造成了暴乱，在她看来所有等待她歌声的人，可能只是即将壮大的狂热忠实粉丝中的一小部分。她已经做好了与更广大的听众交流的准备。

那么她又是怎么样蜕变成一个影星的呢？她无法将票房仅仅寄希望于一小部分的忠实粉丝之中。

芭芭拉需要一个带她走上超级巨星之路的转型之作。而最重要又最迫切的一件事，就是她需要向批判家以及购买票房的大众证明，她是一个演员！唱歌只是她的副业。

　　这部让她成功证明自己不仅是个歌手也同样是个演员的转型之作便是《妙女郎》。这是一部孕育了多年终于呈现在观众视线里的全新表演；雷·斯塔克在芭芭拉才11岁的时候便开始策划这个表演。如今，非常巧合的是，就在他的剧本已经完结并在寻找合适的人选时，芭芭拉也做好了迎接演艺事业新挑战的准备。

　　范妮·布赖斯曾是一个有趣却又不起眼的一个喜剧演员：数以百万计电台听众的宝宝·斯努克斯，赌徒的情人以及欢乐的尼基·阿恩斯坦，作曲家比利·罗斯后妻。范妮·布赖斯。芭芭拉·史翠珊。该角色是为女演员的才华量身打造的。

　　范妮·布赖斯，是在一个复杂、昂贵的百老汇音乐剧的主角，这将会是芭芭拉将她事业推向新高峰不可缺少的一部分。然而她差点与这个角色失之交臂。

　　雷·斯塔克——玛丽莲·梦露和理查德·伯顿的前经纪人，是已故范妮·布赖斯的女婿。他曾经看见过安妮·班克罗夫特在《奇迹的缔造者》里的表现，于是他决定让她主演《妙女郎》。

　　在第一次的彩排中，很明显的，安妮的实力被过度地放大了，她的嗓音微弱而单薄。于是她落选了。脚本被送往卡罗尔·伯内特之处，卡罗尔·伯内特在归还时还附上了一张纸条："你需要一个犹太女生来出演这个角色。"凯巴·拉德努力尝试，最终还是以落败告终。

随后，雷·斯塔克妻子的一个朋友记得芭芭拉在《我可以替你批发》中的出色表现。她告诉雷·斯塔克，芭芭拉的表现让她想起了范妮。于是雷·斯塔克让芭芭拉进行试镜，他对芭芭拉的表现印象深刻，最终芭芭拉入选了。

芭芭拉欣喜若狂，不仅仅因为这个角色可以使得她可以大放异彩，更是因为她确信自己可以很好地诠释范妮。她唯一需要做的便是展现真我。

她从不刻意模仿范妮·布赖斯的走姿或举止，她甚至从来没有看过范妮·布赖斯的表演，她同时也很庆幸自己没有。然而多多少少的，从某个角度而言，她自己可以清楚地意识到——以及今后每个人也终将赞赏——布赖斯和史翠珊的本质是那么的相似。芭芭拉绝不会模仿布赖斯；她将会重新塑造该角色，并贴上自己独有的标签。

悉尼·卓别林，是世界上最伟大喜剧家的帅气儿子，将会饰演尼基·阿恩斯坦。其他演员还包括凯·梅德福德，饰演布赖斯夫人；珍·史塔波顿，饰演斯拽科绪夫人；以及丹尼·米汉，饰演埃迪·瑞恩。

出了城以后，这个演出可谓问题颇多。在波士顿的评论家们抱怨剧中的感情用事的刻画，因为在现实生活中，尼基·阿恩斯坦是一个声名狼藉的人。因为雷·斯塔克的妻子，弗朗西丝，是范妮·布赖斯和尼基·阿恩斯坦的女儿，斯塔克夫人坚称要为她父亲的人格进行洗白。阿恩斯坦的角色也进行了修饰——一个花花公子和赌徒——这样可能可以更好地融入沃尔顿家族。

场景被一次次重写、修改、然后又被否决。在这条路上，价值三万美元的风景被抛出舞台大门。作曲家朱尔斯·斯坦和填词家鲍勃·美林，创作了最终在表演中得到使用歌曲的两倍之多。加森·卡宁，《妙女郎》原任导演，在建议百老汇开幕前的五周被辞退，与此同时，杰罗姆·罗宾斯被聘为将重新搬上舞台的导演。该音乐剧的成本攀升至创纪录的 60 万美元。首秀时间也被修改了五次之久。

在百老汇预演之旅的动荡期间，芭芭拉证明了自己可以很快地学会任何事，比如一次又一次修改的场景和新添加的歌曲。在彩排期间，芭芭拉找到了工作带来的挑战与乐趣。

她通常会在上台前吃一顿大餐，通常是中餐。作家或作曲家或导演愈发频繁地改戏，她就越喜欢这部戏。他们在确定最后一幕戏之前尝试了 41 种不同的场景。芭芭从不抱怨她需要研习的新台词还有舞台场景，相反的，她发现每个夜晚都是如此的振奋人心；她很享受那种不知道下一刻会发生什么的感觉。在波士顿的一个夜晚，她的麦克风开始接到警察的电话。麦克风藏在她的裙子下面，所以给观众听起来的感觉，像是古怪的声音从她的胸前传来。

最终，整个演出当然是尘埃落定。脚本被确定为最后版本；不会再有新的歌曲被临时加进去，又或者是台词的改动。也是从那时候开始，芭芭拉开始厌倦这样的演出。因为她将开始日复一日，无止境地重复相同的台词，演唱相同的歌曲，演绎一模一样的演出。她觉得自己深陷牢狱。

任何时候站在舞台上，她都迫不及待得想要快一点结束表演。有一次，在经历了十分劳累的彩排后，导演要求芭芭拉重新排练整个剧。她终于忍不住的爆发了，并质问自己到底什么地方做错了，以至于要重新彩排好几次。

坐在观众席的斯塔克说道："你就再试一次吧，芭芭拉，一定会更好的。"芭芭拉怒视着斯塔克答道："我不想让这个表演仅仅是好的。我想它是最好的。"从这一刻起，在那个表演里，再也没有人告诉芭芭拉应该做什么了。

首映之夜——于冬季花园剧院，1964 年 3 月 26 日——《妙女郎》在纽约首映。在开幕秀上，芭芭拉演唱了一首有关"成为伟大的歌手"的歌曲，自那以后，观众们毫不犹豫地相信芭芭拉可以成为那样的歌手。

听众在她重新演绎《人们》的时候流泪，又在她歌唱《你是女人》的时候欢笑着。在第一幕结束的时候，芭芭拉大唱着《我的大游行请别下雨》，赢得了听众震耳欲聋的掌声。第二幕包括躁动的《老鼠仓达达达》，凄美的《你现在是谁?》以及欢快的《让我舞动的音乐》，给了观众更多的证明，相信芭芭拉·史翠珊的惊人才华。

然而，那些所有的掌声，也没有给予芭芭拉一直所追寻的满足感。她痛恨首映之夜，人们在四周叫唤着，吸引并分散她的注意力，拍她的照片，以及让人应接不暇的闪光灯。她想要时间和宁静来思考自己的表演；即便观众很喜欢她，她还是不安于此。

她与《妙女郎》签署了长达18个月的协议。如果这部作品成为一个大热门，那么它将会持续数月之久。犹豫的芭芭拉往最坏的方向考虑，她完全没有料想到这部作品会被广受好评。

最糟糕的情况并没有发生。评论家们近乎疯狂。"壮丽、崇高、明亮、非凡、电力十足，"《电影生活》杂志评论到。在《纽约先驱论坛报》上，沃尔特·克尔在他的评论中写道："每个人都知道芭芭拉·史翠珊将会成为一个明星，而她确实做到了。"《综艺》赞道："事实证明，史翠珊小姐是所有前驱积蓄的结合体。她是一个令人印象深刻的全才，并且肯定会在百老汇拥有一个美好的未来，在对的角色里，演艺圈的赌注"。

芭芭拉在《妙女郎》中的表现让她荣登了《新闻周刊》杂志的封面。根据1964年4月10日的故事："史翠珊不仅塑造了一个胜于拥有美好回忆的范妮·布赖斯的形象，更是塑造了自己。当她站在舞台上，歌唱、扮鬼脸、舞蹈、热爱、叫喊、摆动、摩擦、哄骗着，她把她周围的空气都融入了自己的气场。她的嗓音拥有所有的色彩，或明亮或微妙，那是音乐剧所需要的，也是掌权等级所需要的。它可以使得高墙顷刻即逝，并引人入胜。她在《妙女郎》132 分钟的舞台上，占据了 111 分钟。她的影响是立竿见影和惊艳的。"

芭芭拉觉得评论应该更好。在她典型患得患失的兴奋中，她问道："好吧，这是什么？我是很不错还是我糟透了？"

随着演出给冬季花园带来了破纪录的收入，芭芭拉变得越来越不开心，因为她日复一日地做着同样的事情。与此同时，她与她的合演搭档，悉尼·卓别林存在争执。而后，悉尼·卓别林被约翰尼·德斯蒙德所取代。

芭芭拉经常迟到，有时候会耽误开幕 20 分钟，甚至更多。当替身莱妮·喀山取代芭芭拉出演了一场之后，莱妮饱受评论家的评论。芭芭拉，仍旧不确信自己的实力，但随即便取代了莱妮·喀山。

她的表演不是一尘不变的——偶尔惊艳，偶尔平淡；偶尔鲜明，偶尔含蓄。1965 年 12 月，当芭芭拉与百老汇《妙女郎》的合约到期后，她被喜剧演员咪咪·海因斯所替代，其又继续饰演了一年该剧。

然而，芭芭拉和这出戏的缘分远没有终结。她被安排在伦敦西区"威尔士王子剧院"，进行为期 14 周的巡演。拍成电影，甚至续集的可能性，也不断地在被探讨。该剧于 1966 年 4 月 13 日在伦敦开幕，正如在纽约一样，受到了极大的追捧。演出门票一抢而空。

随着欧洲的贵族美酒佳肴宴请她，芭芭拉仍保持着她变幻莫测的不确定性，正如她第一次在伦敦遇见玛格丽特公主时那种羞涩。

她一如既往地迟到了皇家晚宴。当她最终向玛格丽特公主致敬时，她表达了自己迟到的歉意："太对不起了，尊敬的陛下，我搞砸了一切。"她的话从逗得公主露出了一个笑脸，以及芭芭拉的陪同，同时也是主演的奥玛·沙里夫开怀大笑。她在伦敦的表现使得她被伦敦报刊投票评选为"最佳外国女演员"。

在表演期间，芭芭拉向媒体宣布了一条令人震惊的消息——那就是她和她的丈夫埃利奥特·古尔德将要生一个孩子。为了这个孩子，这意味着价值不菲的演唱会将被取消。不得不说，芭芭拉已经开始表现出成为头条新闻的天赋。

虽然芭芭拉对范妮·布赖斯的完美诠释得到了托尼奖的提名，然而最佳音乐剧女演员的头衔花落曾出演《你好·多莉》的卡罗尔·钱宁。

当芭芭拉的演出在伦敦落下帷幕，这也意味着她的职业生涯步入新舞台。观众对她的热烈程度让她欣喜，然而长期重复《妙女郎》，成了她倍感疲惫、枯燥、以及不愉快的经历。当巡演终于结束，芭芭拉下定决心要再也不要出演舞台剧。当然，多年后，当她再次出现在观众视野中时；那是她在出演演员工作室的《罗密欧与朱丽叶》的舞台上。

在她看来，这部剧是她最出色的代表之一。她所饰演的朱丽叶是一个被宠坏的、富裕的、娇纵的 14 岁妙龄女孩。那是一个爱上爱情，而对生活一无所知的女孩。芭芭拉与朱丽叶的想法感同身受；她自己本身，其实也是一个爱幻想、在枕边哭泣的女生，有时甚至还幻想自己就是躺在威廉斯堡床上的美狄亚。

在二十世纪六十年代初期，芭芭拉获得了另外一群日益壮大的粉丝团的支持——那便是电视观众。她在 1961 年首次作客麦克·华莱士的《PM East》脱口秀节目时，给观众们留下了深刻的印象。她的奇装异服以及她喋喋不休的说话方式，偶尔的胡言乱语，让观众在百思不得其解的同时又十分的欣喜。"你昨晚有看那个穿着奇异衣服古怪女孩吗？"这是芭芭拉电视首秀后人们对他最普遍的评价。

她当然也是引人注目的。她的经纪人，马蒂·埃里希曼，帮她预约了每一个尽他所能可以邀约到的脱口秀节目：约翰尼·卡森、杰克帕、迈克·道格拉斯。从另一面来看，这只是一个来自布鲁克林的瘦弱的犹太女孩。随后不久，芭芭拉便不再参加那些唯利是图的电视节目，她越来越多在一些在黄金时段播放的综艺节目中作为久负盛名的嘉宾出现。

1963 年，她和迪安·马丁和鲍勃·霍普，一起在鲍勃·霍普的节目中雀跃。同年，卡洛尔·伯纳特以及罗伯特·顾雷特在盖瑞·摩尔的节目中出现；她也和格鲁妮娅·布朗一起出现在戴拿·舒的节目中；以及最重要的，和朱迪·嘉兰在朱迪·嘉兰的节目中出现。

在 1963 年 10 月 6 日，她和朱迪·嘉兰一起出现在朱迪·加兰的节目中，坐着同样的吧台高椅，穿着同样的格子衫。芭芭拉演唱了她令人心碎版本的歌曲——《快乐之日重现》，与嘉兰演绎的轻快版本《变得快乐》形成惊人的反差。稍后在节目中，艾索尔·摩曼加入了她们，一起演唱了一首惊艳的《轻歌曼舞好营生》。史翠珊毫无疑问，与这两个演艺界的传奇人物并驾齐驱。

电视荧幕是芭芭拉展示自己多才多艺的另一个平台。她作为嘉宾出场时的表现太出色了。她应该有她自己的电视节目——至少一两个小时的个人秀，在茫茫尼尔森家庭频道的节目中施展自己的一技之长。

和国家级电视公司签约对芭芭拉来说只是时间问题。击退美国广播公司和美国全国广播公司的激烈竞争之后——哥伦比亚广播公司给了芭芭拉一份史无前例的 500 万美金合约，并允许她随心所欲地做事。

这个合约中最具争议的条款，就是给予芭芭拉对所有专场艺术总监权。

《我的名字叫芭芭拉》，她的首个电视专场，于 1965 年 4 月 28 日晚上 10 点首映。令人惊奇的是，这是一个的揭露自己真实情感的自传式音乐节目，凸显年轻歌手一生中最显著，有时凄美的部分。

　　她为自己未曾谋面的父亲歌唱，为年幼时的喜悦和她与埃利奥特·古尔德的爱情而歌唱。整个节目最引人入胜的部分是史翠珊盛装出场，沿着波道夫·古德曼百货公司的过道嬉戏。芭芭拉为这一部分准备了很多歌曲，其中包括：《二手玫瑰》、《给我简单的生活》、《我一无所有》、《兄弟你能分让一角硬币》、《便是无人识你之日》和《最珍贵的东西是免费的》。

　　评论家和大众都被史翠珊的表演所震撼和敬畏。《综艺》杂志评论："对电视节目来说最重要的是表演者怎样突破那小小的电视屏幕，而史翠珊小姐做到了这一壮举，对她来说，这无异于避开百老汇舞台上的脚灯。她的自信，尤其对她这个年纪轻轻又刚成名的人来说，是令人震惊的，而且她驾轻就熟。她生来就是传媒界的宠儿。"

　　芭芭拉的节目获得了 5 个艾美奖，包括最佳创意、最佳编舞和最佳舞台效果，由乔·雷顿领取；最佳音乐指导——彼得·马茨；和最杰出个人娱乐成就奖——芭芭拉·史翠珊。

　　她的第一个个秀是黑白版的，并且有着自己独特的韵味和简约的编排风格。《粉饰芭芭拉》，她在哥伦比亚广播公司的第二个个秀，相比之前有更加缜密的编排。

　　这个节目使用了宏伟壮丽的费城艺术博物馆作为第一场景，一个露天音乐剧场作为第二个场景，第三个场景在一个动物园拍摄，芭芭拉会在那里和动物们嬉戏。

　　节目在制作过程中遇到了困难。费城博物馆的主管只允许芭芭拉和她的艾尔巴制作公司，在博物馆庄严的大厅进行 16 个小时的夜间拍摄。

她演唱时宛若莫迪里阿尼小姐、现代版的娜费尔提蒂和玛丽·安托瓦内特。博物馆里的名画成了芭芭拉和她服装修饰。

但在费城的录制过程中，灾难降临了。摄像机坏了。灯光线也断了。工作人员因为过度疲惫而睡着了。制片方不得不博物馆申请延长录制时间。

芭芭拉和她的团队为节目的美工环节不停歇地工作了 32 个小时，最终浓缩成 8 分钟的精华。

在录制期间芭芭拉吃了：椒盐脆饼、花生、腌黄瓜、牛肉红肠、腌牛肉三明治和咖啡冰淇淋。她的丈夫埃利奥特·古尔德也在那里帮她擦背，在拍摄间牵手。

这次经历十分辛苦，并使得芭芭拉再也不想做电视节目了。她发现录制电视节目甚至比每晚在百老汇演出还要严苛。电影看起来更加理想；她想在电影中出境的想法比之前更加强烈。

在《粉饰芭芭拉》中最有趣的部分就是芭芭拉在动物园里的恶作剧。她会和企鹅们跳舞，在绳索间扮演泰山，甚至和食蚁兽鼻子对鼻子嬉戏。

在 1966 年 3 月 30 日，《粉饰芭芭拉》在哥伦比亚广播公司上映。为之入迷的观众比她的第一个节目多得多。

《纽约时报》的评论员约翰·S·威尔森写到："芭芭

拉·史翠珊第一个 1 小时节目的成功并非偶然。她在昨晚哥伦比亚广播公司的第二次录制，《粉饰芭芭拉》的节目中，证实了这点。她在这次的节目中，对比她的处女秀，尝试了很多新的形式，而且突破了自己。在色彩方面，博物馆的舞台设置是宏伟壮观的，马戏团的人看起来很欢乐，并且史翠珊小姐美丽动人。总体来说，这是个很有趣的节目。"

芭芭拉的下个特别节目，《第 14 街的美人》，将会重现二十世纪初真实的杂耍娱乐效果。这个节目与之前的两个节目截然不同。在这个节目中，芭芭拉将会和嘉宾明星共享聚光灯舞台，包括了演员杰森·罗巴兹和歌手兼舞者约翰·巴博斯。

芭芭拉和她的公司想出了做一个世纪交替的综艺节目的主意，并使用一些那个时代的歌曲和服装。整个节目用直接表演的方式，而不是用滑稽戏模仿，但有很多类似的节目在那时已经出现。

他们用为数几个月的时间来进行全面的探索，甚至打电话给乔治·伯恩斯，寻求一些建议。芭芭拉要扮演一个 14 街的美人，一个德国的艺术歌手，一个男孩女高音，同时还是一个脱衣舞者。她甚至和一些身材臃肿却充满自信的女士合唱很多歌曲，她们中每个人都超过 200 磅。据说，在 20 世纪早期，人们认为真正好的表演团需要由一群看起来结实的女士来组成。

这个 58 万美金的特别节目，是芭芭拉的第一个电视

灾难。1967 年 10 月 11 日的直播节目，得到了全国领军
的媒体评论机构的一致抨击。杰克·古尔德在《纽约时
报》中写到：

"芭芭拉·史翠珊的第三个电视个人秀是令人尴尬的，
近乎疯狂制作的混合物。甚至芭芭拉本人，还有她的主
要同事杰森·罗巴茨都无法理清的。" 观众们也同样非
常失望。这个秀再也没有录制成唱片。

芭芭拉在《第 14 街的美人》之后又录制了两个电视
特别节目。1969 年 9 月 16 日，《在中央公园的偶遇》进
行了转播。这个节目包括了芭芭拉 1967 年 6 月 17 日在
纽约中央公园面对 13 万 5 千粉丝，所举办的卓越的演
唱会的精华。穿着涟漪状、褶皱的粉色丝质连衣裙，搭
配落地长裙和薄纱斗篷，芭芭拉演唱了剧目中的大部分
歌曲。

当唱到芭芭拉早年时不被大众所知的《与哈里·斯
通的另一个夜晚》时，她忘记了"哈罗德·门戈特"的歌
词。听众中的一个男孩引导她，并帮助她回到正轨。

芭芭拉和听众们的良好关系是一个吸引人的现象，
甚至转播也是如此。她以一首高超版本的圣诞歌曲《平
安夜》来结束整场演唱会。芭芭拉再一次震惊了舆论媒
体和观众。

史翠珊的电视特别节目《芭芭拉·史翠珊和其他乐
器》并不那么成功。录制于 1973 的夏天，整个节目汇集
了超过 125 种奇怪又异国风情的乐器的声响。这个节目

就像是个大杂烩。上一时刻芭芭拉还在搭配着土耳其鼓唱《人们》，下一秒她就会和雷·查尔斯合唱《看看他们对我的歌做了什么，妈》。

在那个节目里，芭芭拉没有怎么展示她独有的幽默感；只是充满了嘈杂和噱头。1973 年 11 月 2 日，节目的首映之后，《纽约时报》的约翰·J·奥康纳写到："这个节目被过分制作、策划以及盛气凌人，已经使人感到审美疲劳。"

在之后的数年里，芭芭拉开始讨厌这个世界上最流行的传媒平台——对暴力如此频繁地出现在电视平台上，感到深恶痛绝。这严重打扰到她看晚间新闻——这个她唯一会看的节目——所以，她倾向于跳过前面的几分钟，避免看到她所谓的为了增加收视率而制作的"恐怖故事"。

# 4 | 记载在案

　　最好的芭芭拉·史翠珊被记录下来了。事实上，大部分真实的芭芭拉·史翠珊被记录下了：芭芭拉作为女演员；芭芭拉作为古董收集者；芭芭拉作为恐惧的、没有安全感的孩子；芭芭拉作为百老汇女歌唱家；芭芭拉作为滑稽演员；芭芭拉伤心时和快乐时。只需要听一部分她的经典唱片的片段，你就会开始了解这个多才多艺的、日后成为世界第一女歌手和唱片大师的女人的复杂性。

　　从不满足于依靠之前成功的方式生活，芭芭拉做了很多成功又大胆的尝试，以此来丰富自己的生活方式，提升自己的修养。史翠珊，作为歌手，永远生活当下。在那几年里，她栽培了听众们，并带他们踏上迷人又缠绵的音乐旅途。

　　史翠珊似乎是唯一的，能演绎克劳德·德彪西和劳拉·奈罗歌曲，并且结合高超的演唱技巧并完全的懂得演唱歌曲所要表达的意境的现代歌唱家。

《妙女郎》的作曲者朱莉·施泰恩曾经说过，"除了拥有天生的好嗓音，芭芭拉是第一个我遇到，能完美演唱每首歌的人。芭芭拉使每首歌听起来像完美谱写的三幕剧，即使只有短短三分钟而已。在歌曲的开头，她会建立她的人物特征；然后创造冲突（使得整个歌词看起来更具含义），之后她会进入戏剧般巨大的结尾——所以就算只听到了一首持续几分钟的歌，人们都会被彻底地征服。"

芭芭拉首次录制大众音乐专辑是在哥伦比亚录音公司的《我可以替你批发》的原声带，并于1962年发行。她的自传里写到——由她本人亲自撰写，并且带着点头的古怪旧习——她在她首张专辑的封面亲自写上："不是一位艺人工作室的成员，史翠珊小姐19岁，并且这是她的第一个百老汇节目。生于马达加斯加，在仰光长大，她在布鲁克林的伊拉斯谟高中就读。她在名为《与哈里·斯通的另一个夜晚》的外百老汇一夜秀中出场。"

这张专辑以一段简短的铜管乐为开场序曲，与之而来的是芭芭拉的歌声。整个序曲的腔调近乎完美，以及她那铃铛般清晰动人的歌喉。专辑的反面有令人赞叹的芭芭拉版本的《马暮斯兰小姐》。尽管这张专辑是她完美的舞台首秀的录音，但整张专辑也同时也具有所有百老汇表演的瑕疵。专辑中的音乐和歌词平淡无奇。

芭芭拉的声音和喜剧天赋再一次得在她的第二张专辑，25周年庆版本的《如坐针毡》中闪耀。专辑制作者是哈罗德·罗马，《我可以替你批发》的创作者。就像《批发》一样，整个节目是关于服饰交易的。芭芭拉的嗓音是整个专辑中唯一让人印象深刻的部分。不管她在演绎《成为复古主义者》，与合唱团一起唱《坐在你现有的地位上》；或在聚光灯下独唱《没有任何人注意到我》，芭芭拉通过该唱片坚实地建立起自己伟大歌手的形象。

前两张专辑是由哥伦比亚唱片公司发行的。最终，戈达德·李伯森试听之后，芭芭拉收到了一份绝无仅有的唱片合同。尽管李伯森对芭芭拉的嗓音和她那独特的演唱形式感兴趣，他还是不确信芭芭拉是否能被广大听众迅速接受，以及她那独特的音乐。

当芭芭拉的第一张个人专辑《芭芭拉·史翠珊同名专辑》在 1963 年 3 月首发时，李伯森惊奇地发现自己先前的担忧简直是杞人忧天。在首发的前几个星期，该专辑的销量就荣登榜首。

《芭芭拉·史翠珊同名专辑》是惠特曼对她早期夜总会素材的汇编，同时也包括了哈罗德·阿伦的《沉睡的蜜蜂》，顽皮版的《谁怕大坏狼》，忧郁演绎版本的《快乐之日重现》，以及幽默的科尔·波特版本的《来到老北京市场》。

芭芭拉，经常缺乏安全感以及会自我批判，她也对自己的首张个人专辑感到不安。她决定结局是错误的，因为她在一首歌里唱破了音，并且她对自己演唱《快乐的日子》的方式感到十分的不满。

但是这张专辑的剪辑，在某些方面还是可圈可点的。连芭芭拉自己都觉得《沉睡的蜜蜂》得到了完美的诠释。她的嗓音有些高亢而单薄，她用尽自己的全力重塑这首歌，直到她和多年前首唱这首歌时发挥得一样出色为止。尽管这是她最喜欢的一首歌，她再也没有唱起过它。

芭芭拉史翠珊的第二张专辑取名为《芭芭拉·史翠珊的第二张个人专辑》。

这张专辑的主题与第一张一样，也是不拘一格的。朱莉·施泰恩写道："我也是芭芭拉·史翠珊最早期的最忠实的歌迷之一，多年来我一直在写歌，也与顶级歌手有过不少的合作，从未有专辑，可以像这张一样给我带来极大的激动。"

代表作包括《歇息之处皆我家》，《谁会买?》以及《我是否在广交会上停留太久》。芭芭拉再一次的赢得了广大听众的关注。新专辑马上成为荣登最畅销排行榜。

据《纽约时报》的评论家斯蒂芬·霍尔登，史翠珊小姐的第三张专辑，《芭芭拉·史翠珊的第三张专辑》，也表明是早期最符合高质量水准的专辑。"完美地呈现了这一时期的流行风格，仅靠一个贝斯、鼓摩擦声，还有着重突出以弦乐和木管乐器为背景，这种韵律。"

第三张专辑主打令人惊艳诠释版本的《随时光流逝》，《那一定是你》，以及《忧郁如你》。该专辑最热的歌曲是由伦纳德·伯恩斯坦为阿道夫·格林和菲利斯·纽曼的婚礼所谱写的《刚刚好》。

史翠珊从来不知道自己是否喜欢她所拥有的嗓音。有时候她还会埋怨自己的鼻音。但有时候她又会觉得自己的鼻音像"精致的乐器一般"。

她的下一张专辑是《妙女郎》的原声带。由于该专辑由国会唱片公司制作，芭芭拉不得不暂时和哥伦比亚公司解除相关合约。

无论是演唱《我是最善良的星》，《人们》，又或是《我的大游行请别下雨》，芭芭拉在这张唱片里的嗓音就如同她在百老汇的表演中一样，那么的充满活力和振奋人心。在曼妙的管弦乐队的演奏中，高音乐谱与芭芭拉·史翠珊嗓音水乳交融，这使得《妙女郎》可以说是百老汇所有专辑里最为扣人心弦的一张。它不仅在1964年赢得了格莱美音乐剧类的最佳原创表演专辑奖；同年，芭芭拉的《芭芭拉·史翠珊专辑》还赢得了格莱美大奖。

她的第四张个人专辑——《人们》，于1964年发行。约翰·S·威尔逊，作为《高保真》的评论家写道："史翠珊小姐在流行歌手里有一种罕见的优势，包括提升已经不错的表现的能力（她在《妙女郎》里全新演绎精湛版的热单，《人们》也被列入其中）。她没有必要搞噱头、花样又或是其他的花招。这让她早期的创新似乎卓有成效，并且同样的方式，可使得这些表演一直辉煌。"

又一次的，史翠珊的专辑问鼎《公告牌》的榜首。

她接下来的三张专辑：《我的名字是芭芭拉》，《我的名字是芭芭拉2》以及《粉饰芭芭拉》，均保留了她最早两期电视特辑的素材。在很大程度上，《我的名字叫芭芭拉》和《我的名字是芭芭拉2》带着芭芭拉自传的色彩，歌曲中都渗透着她的年轻时代、她的家庭以及她的爱情。这几张专辑或许包含了她最真实以及最具个人特色的歌曲了。《粉饰芭芭拉》，她的第二个电视特辑，是给歌迷的最完美纪念。

急于打破自己在观众中的既定印象，芭芭拉力求在下一张专辑里突破自己。在《我的名字是芭芭拉》，这张专辑里，芭芭拉演唱了法文歌曲，并试图让其听起来像是自己的母语。这张专辑由莫里斯·切瓦力亚编曲，他这样称赞芭芭拉："芭芭拉·史翠珊是一生中难得一见的奇迹之一，即便是在轰动从未停止蓬勃发展的美国。她是疯狂与天才的合体，比任何人更有被给予的天赋。她演唱过《枯叶》——在所有的歌曲里——用天使一般的嗓音，并赋予了每一个法语单词，前所未有的凄美意境。这个异常年轻的美国女孩用她崭新的、令人怦然心动以及令人瞠目结舌的高超技艺，吸引了全世界人的注意。我们对你深深地折服了，'伟大，又娇小的夫人'。"

芭芭拉的第一首音乐创作，《我的第一首歌曲》，也包含在这绝妙的法国音乐合辑里。

芭芭拉于1967年发布了《只是史翠珊》和《圣诞特辑》，并于1968年发布了《在中央公园的偶遇》。芭芭拉的第一部电影，《妙女郎》的影视原声带，也于同年推出。

她的每张专辑都投入了大量的时间和精力——筛选歌曲、布局、专辑封面、审查以及频繁地修改关于唱片套的文案，同时还包括编辑专辑。

当专辑完成后，芭芭拉坚持表示，她不会再去听专辑里的歌，因为她害怕自己会听到歌曲里的缺陷和不足，而非优点，以致于她会想继续去修改它，直到达到自己的标准。

直到 1969 年，芭芭拉的专辑大量涵盖了表演类的歌曲，通过她强劲、有声有色的力量，来传递饱含情感的韵律。她会试图设法避开她同时代的音乐：西蒙和加芬克尔、披头士、卡洛尔·金。

由于芭芭拉的歌曲几乎不具备美国二十世纪 60 年代末的音乐特色，在 1969 年，她觉得是时候赶上时代的步伐了。

在她的专辑《那么今天呢?》，她演唱了保罗·西蒙的《朋克的困境》以及披头士的《用我朋友的一点帮助》。

销售成果远非成功，与百老汇的合约，似乎她在当代音乐方面仅有一点天赋。尽管如此，她还是设法将发行削减的单曲《蜂蜜派》，使之成为热门。

《那么今天呢?》，随后在 1970 年作为《你好，多莉!》与《晴朗的日子里你能看见永远》的配乐。《畅销单曲专辑》包含这样的经典之作：《人们》、《二手玫瑰》、《我的大游行请别下雨》和《我的彩色书》，该张专辑保持畅销记录数月。

20世纪70年代的她的第一张录音室专辑——《斯托尼的终结》，证明她可与当时的摇滚巨星合唱摇滚歌曲。此专辑是由理查德·佩里亲手操刀制作的，其还曾为林戈·斯塔尔、哈里·尼尔森和卡莉·西蒙制作过专辑。佩里知道他在做什么。伴随着普通旋律与流行摇滚，芭芭拉将萝拉·尼罗的《将手从那个男人手上放开》和《斯托尼的终结》完美的重新演绎，证明了她可以是扣人心弦的摇滚女歌手。

这张专辑的其他亮点包括乔妮·米切尔的《我不知道我的立场》和戈登·莱特富特的《如果你能读懂我的心》。雷克斯·里德在《立体声》中评论道："芭芭拉对这个项目投入如此多的精力，发掘如此多的微妙与芬芳的细节，呈现出如此诗情画意的态度，使得几乎每首歌都比原版听起来更好"。

《芭芭拉·琼·史翠珊》于1971年发布，该专辑也是由摇滚精灵理查德·佩里亲手操刀制作的。对于芭芭拉对这张专辑所做的努力（其中包括几首约翰·列侬的歌曲），摇滚界的态度并不友善。斯蒂芬·霍尔登在《滚石》上评论到："芭芭拉对约翰·列侬的《母亲》的演绎是不专业又恼人的，因为她在歌曲中带着原始的尖叫声"。

尽管如此，芭芭拉仍在做一个将自己与年轻观众连接起来的有效尝试。她版本的萝拉·尼罗的《我从未想过要伤害你》，无可厚非，是有史以来，这首歌曲的最精良版本之一。

芭芭拉的下一张专辑，《居住在论坛上》，是为了参议员乔治·麦戈文竞选总统的益处而录制的。此专辑除了在现实生活方面，并不是很突出。《芭芭拉与其他乐器》于 1973 年发行，此唱片是芭芭拉最后一次电视特辑的配乐；然而无论是表演秀，还是专辑都过分精雕细琢。

芭芭拉演唱了《往日情怀》，同名电影的主题曲。据《纽约时报》的评论家斯蒂芬·霍尔登的评论："在这张专辑中，史翠珊小姐从来没有听起来比此次更自信过。她越发低沉的音色和歌声，比以前更加感性。这个早熟的怪才，现在听起来像一个长大了的、坚强的女人。"

这是另一部电影的配乐，销量却超过史翠珊之前录制的任何专辑。《星泪梦痕》在当时卖出了近 500 万份，将其推至畅销唱片的顶峰。虽然这张专辑并没有得到多数评论家的友善对待，但芭芭拉的粉丝却在里面发现了天真浪漫。专辑中的一首歌曲，《常青树》，是由芭芭拉亲自创作的。此曲由保罗·威廉斯填词，同时也为芭芭拉赢得了奥斯卡奖。另一张同时很有名的专辑，《慵懒的午后》，也在同一年内发行。

在 1976 年，芭芭拉另一面令人难以置信的歌唱能力，在流传很久的专辑——《古典芭芭拉》里被证明。该专辑精选了作曲家克劳德·德彪西、乔治·弗里德里希·亨德尔和罗伯特·舒曼的艺术歌曲。

伦纳德·伯恩斯坦说："芭芭拉·史翠珊与生俱来的

能力，使她对古典音乐的领域了如指掌。显而易见，她热爱这些歌曲。她用她敏锐、直接并且极其吸引人的表现，给了我们一个非常奇特的音乐体验。"

其他严苛的音乐评论家，却认为芭芭拉缺乏自己的特质。在《歌剧新闻》中有评论道："这张唱片对喜欢史翠珊的人来说是好唱片——而非喜欢艺术歌曲的人。这张唱片制造了一种怪异且鲜明的印象——完全缺乏歌手与合奏的其余任何部分之间的关系"。这张专辑是一个商业上的失败。

芭芭拉曾说过，多年来，她并未真正感受到自己是音乐行业的一部分，主要是因为她对自己演绎的歌曲并不创作或者谱曲。她对那些才华横溢的歌手兼词曲作者，怀有巨大的崇敬之心，并认为有可能在音乐领域比电影领域更加有天赋。

这两个领域之间的一个区别对她产生了强烈的影响：电影行业中存在的如此普遍的激烈又有破坏性的嫉妒，她认为，是音乐的世界里基本不存在的，因为"每个人都在发挥自己创作力和才华的高度层面"。

显然，芭芭拉在"狮子"演唱，只是因为她视之为打入演艺圈的一种途径——她已经成功地演变成为一个演员，她通过自己的努力提高了自己作为一名歌手能力，并且获得了所有天赋异禀的音乐家的深深尊重。

《蝴蝶》，第一张史翠珊的专辑，由芭芭拉的情人——乔恩·彼得斯创作，在哥伦比亚唱片公司创造了不小的轰动。

老兵唱片的工程师艾尔·施密特原定制作该张专辑。但是当芭芭拉后听到三段片段之后，她说，这音乐不是她喜欢的。施密特退出参与了此工作，而彼得斯取代了他的位置。

出人意料的是，彼得斯胜任了《蝴蝶》的制作工作。歌曲将雷鬼、福音和现代摇滚精美的结合在一起。鲍勃·马利《番石榴果冻》的欢快曲风，比尔·威瑟斯《奶奶的手》的躁动曲风，和大卫·鲍伊『火星生命』的怪异曲风；都是这张动感十足的唱片的一些亮点。

芭芭拉的专辑，《史翠珊超人》和《鸣禽》，一直都很流行，并且具有广泛多样的听众。一则由《洛杉矶时报》的大卫·布鲁姆，对于《鸣禽》的评论写到："史翠珊的最新专辑，巩固了她也许是美国最知名的流行歌手的地位，但也支持了那些对于她作为唱片制作人的质疑。史翠珊是唱的比以前更好了。她对于歌曲灵魂的感知，开始匹配她对于戏剧和声线的精湛掌控。但这会导致一个更加世俗的选歌方式，并且相对减少大量的制作精力，这样可以使她在流行乐坛里的荣誉，有一个相对较高的位置。"

芭芭拉声称，她并没有做出特别的方式来改变自己的声音。她不像其他通过定期发声练习来训练声线的歌手一样，芭芭拉只在她想唱的时候唱，而且，她从不使用加湿器或药物来保持喉咙的良好状态。相反，她并不对其多加关注。

她承认她的声音是独一无二的，这归功于她鼻中的隔膜。"如果我治疗了我的鼻子，"她断言，"这将会毁了我的事业"。

她一直致力于一张名为《一个女人的生命周期》的专辑，但这一项目中途被取消了，尽管许多歌曲已经录制完毕。最终，她相信这个理念是绝佳的，但事实证明太难以执行。

随着时间的推移，芭芭拉变得不那么自我批判，变得更能赞美和欣赏自己的作品。她甚至变得喜欢自己的声音，同意那些音乐评论家的评论，指出声线并没有那么高，同时变得愈发饱满、温暖以及圆润。

奇怪的是，她的听众开始认为她是一个演员——同时也是一名歌手——史翠珊的演唱，在某种程度上来说，甚至比她第一次站在麦克风前更好。

# 5 | 荧屏瑰宝

对于芭芭拉·琼·史翠珊来说,真正成名意味着成为一个电影明星。对于有着颠簸鼻子的瘦小孩子来说,布鲁克林的屋顶是大量的米高梅、雷电华、福克斯、华纳兄弟的露天片场——所有好莱坞的电影公司都可以在她的领域中找到。电影明星也在那里:奥黛丽·赫本、费雯·丽、罗兰·比歌、梅·蕙丝。作为一个"勒夫国王"的女引座员,她研习并记住了他们的特质,更而且担任了数以百万计粉丝所臆想的角色。她都能听到掌声。终有一天,现实的掌声将震耳欲聋——芭芭拉·史翠珊将成为吸引的世界票房的头号女演员。

到 1967 年,芭芭拉·史翠珊成为备受好评的集舞台、电视和唱片为一体的艺术家。但直到 25 岁时,她还没有拍电影,她想要成为电影明星的想法比任何都重要。但在 20 世纪 60 年代早期的好莱坞,怎么可能接受史翠珊?最好来说,她的容貌是标新立异的;她刺耳的名字、带着鼻音的嗓音和她劣于梦露的身材。好莱坞是没有一个来自布鲁克林的进取歌手的立足之地的。

然而好莱坞是一个随时准备兑现稳赢的地方。所以，当评论家用尽了任何英语中可用的肯定的形容词来描述，由百老汇制作的《妙女郎》中史翠珊的表现之后，好莱坞专注地听着。如果她能在百老汇、二十一英寸的屏幕上和唱片机上制造轰动，那么也许她也可以是"勒夫国王"中创造神话的。毕竟，有人必须在电影版《妙女郎》中成名。而史翠珊是唯一被列在名单里的。

1963 年夏天，对于《妙女郎》电影版的谈判正在进行中。芭芭拉则是持观望态度，拒绝与工作室第一次开价签署合同。她完全清楚工作室会实现将她的名字与《妙女郎》不可磨灭的联系在一起的想法，而她作为一个演员的价值只可能随时间而增长。

她的商业头脑使得她过得很好。对于她的电影处女作，她被支付了一百万美元——创下了电影处女座的最高薪酬记录。在接下来的八年里，她将出演的其他九部电影中，有许多被列在《综艺》杂志最卖座的 50 部电影中。

好莱坞常常庆幸自己给了这只丑小鸭机会。芭芭拉认为——如果她从来没有幻想变成一名女演员，那她可能就不会成为。

以她的雄心壮志，虽然还没有演过海达·高布乐或朱丽叶，但是她却在自己的电影生涯中塑造出丰富多样的人物——包括胡言乱语的人、妓女、媒人、政客、曼哈顿的家庭主妇、摇滚明星、女大学生和各种怪人。

她已经证明了自己是一名女演员——每场演出都有令人瞠目结舌的绝技。她可以都在同一时间，将有趣的、稚气的、脆弱的、无坚不摧的和充满女性气质的缩影汇聚在同一个角色里面。

在屏幕上，她与一些当时最火的男票房明星交媾：奥马尔·沙里夫、乔治·西格尔、瑞安·奥尼尔、克里斯·克里斯托弗森、詹姆斯·凯恩以及罗伯特·雷德福。史翠珊这个女人，这个羞涩、前屋顶的女演员，在屏幕上却出奇的性感。

在她处女座的片头，芭芭拉站在镜子面前感叹，"你好，华丽！"。这个笑话变成了自我实现的预言：她会成为影院里的天然美女之一。

起初，好莱坞对她是持怀疑态度的。史翠珊甚至从来没有过试镜，但她却不止被提名一次——而是三大主要的电影音乐剧，这一流派在 20 世纪 40 年代末和 50 年代初的已达顶峰。

除了哥伦比亚电影公司的《妙女郎》，她也将出现在福克斯的《你好，多莉！》和派拉蒙电影公司的《晴朗的日子里你能看见永远》中饰演黛西·甘布尔。超过 3000 万美元费用的工作室花在芭芭拉身上，而且她并不准备欺骗她的投资者或她未来的观众。

她并没有被好莱坞的惯例或者领导人而吓倒。无视了一些成规，她即将成为一名电影明星，尽管她从来没有过整过她的鼻子，改变自己的名字，或者镶嵌过自己的牙齿。她的成功很大程度上归功于她保持自己的个性。而这些元素给了那些关心倾听她意志和决心的人力量。那些之前没有关注的人——很快就有足够的机会来亲自观察。

当 1967 年第一集芭芭拉的《妙女郎》发行的时候，她激起了喜爱的热潮，这股热潮自贝蒂·戴维斯和琼·克劳馥之后就再也没有过了。

现在是芭芭拉和三次奥斯卡获奖导演威廉·惠勒掌控大局。在加州清新的空气中，钟声响起和火花点燃。

史翠珊，这个完美主义者，常常被惠勒指导着，而且在一般情况下，总在应该如何被引导的路上。惠勒是完美的合作伙伴。

格里尔·加森、奥利维亚·哈维兰、奥黛丽·赫本和贝蒂·戴维斯全都在他的指引下赢得了奥斯卡奖。惠勒控制了芭芭拉的能量。她需要他的实力和经验。其结果是一个波动却盈利的关系。芭芭拉说——她热爱并且尊重惠勒，觉得他给予了自己平等的尊重和爱戴，并且就算是动荡的日子，他们的关系非常好。

新闻媒体对她并不友善。他们给芭芭拉贴上了"情绪化"、"不友好"和"难相处"的标签。由于她的名声响彻了整个好莱坞，每个人都希望亲临现场，观摩这个传奇人物。在拍摄的几个月中，连格利高里·派克、英格丽·褒曼和马龙·白兰度都亲自拜访她。

芭芭拉总担心自己与制片的各个环节。她会指导摄影师、服装设计师和灯光总监。导演——两届奥斯卡得主哈里·斯特拉德林，也从这个新星里获得了建设性的评论。斯特拉德林后来说，"她想要的一切是最好的，最好的。这和我一样。她很美，美在那张脸的背后。"

为了达到最好，是如此复杂的一项工作，它需要倾注持之以恒的努力、专注和毅力。表演可以是具有挑战性并且充满艰辛的工作，但芭芭拉倾注自己（并且常常于她周围的人）于追求完美，努力制造那些让一部电影宏伟的奇妙瞬间。

她喜欢在镜头前；发现整个过程令人振奋是因为它同时也是耗费心力的。虽然好莱坞对芭芭拉并不太友善，但是她热爱她的新生活。加州是个生养孩子的好地方，有她喜欢的气候，并且景色繁多并且怡人。她甚至喜欢加州的食物!

毋庸置疑，芭芭拉在镜头前是严苛的。而平常生活中，她也与好莱坞传统格格不入。她的第一个大亮相派对（好莱坞风格），简直是大灾难。雷·斯塔克，《妙女郎》的制片人，向好莱坞的傲慢新人投掷了一个精心制作的盛典。

她所有的屏幕主角都在那里。但是夜晚女王，并没有及时到达宴会现场。她与埃利奥特·古尔德足足迟到了九十分钟，坐了一会儿就立马离开了派对。好莱坞电影界被他们认定为是粗鲁和轻率的行为而激怒了。

与第二天媒体所报道的或派对客人闲言碎语相反的是，芭芭拉并没有离开派对，也没有轻视任何人。

她很紧张，她害怕面对那些曾帮助她，使得她童年还过得去的人们。

在派对之前，极度的紧张使得她头晕目眩并且想吐。她以极大的努力故作镇定，来面对那些好奇又富有魅力的人，但不一会儿，她又一次感到恶心而不得不离开派对。在她饰演《妙女郎》工作的几个月里，芭芭拉被给予了新人圈里最糟糕媒体记者——也就是说，这持续到1968年她开始从事《你好，多莉！》的工作为止。

甚至在她开始从事八百万美元的电影作品前，媒体就已经认定，史翠珊并不适合饰演向扬克斯搭讪敬酒的多莉·里维。他们嫌她的年轻。卡罗尔·钱宁应该重新塑造角色；甚至艾索尔·摩曼都会是一个更好的选择。

在拍摄《妙女郎》过程中的一次采访里，她承认，在当时，她可能并不是适合饰演多莉的人选。"我认为这个角色应该由一个比我年长的人来饰演。伊丽莎白·泰勒则是完美人选。"

《你好，多莉！》由弗雷德·阿斯泰尔最喜欢的舞伴——吉恩·凯利导演，其貌不扬的沃尔特·马修共同饰演。该片成为了这个任性女主角的一个新领地。

虽然凯利少年得志成为一名著名舞者，但是事实证明，他并不是一个厉害的导演。史翠珊相信并跟随着自己的直觉与判断，很大程度上是因为凯利并没有给予她明确的指引。

他发现自己无法控制她，而沃尔特·马修相比则好一些。芭芭拉与马修的关系接近疯狂。如果他在一个场景中摸索，她则会尖叫，"熟记你的台词！"而马修则会反驳："别忘了，贝蒂·赫顿曾经也是这个小镇上的大明星。"后来，马修说："她让我身体不适"。他们私下的不和，甚至有时在拍摄过程中的不和，是好莱坞历史上最厉害的一次。

在完成两个电影之后，芭芭拉的下一个项目则是文森特·明奈利的《晴朗的日子里你能看见永远》。与她以前的拍摄经历不同的是，在《晴朗的日子里你能看见永远》的这一系列里，她的心情是轻松愉快并且完全专业的。

她自己则选择了明奈利当她的导演。在她在"勒夫国王"的日子里，她看了明奈利的《金粉世界》，并且爱上了他对于生活的浪漫视野。芭芭拉与合演的伊夫·蒙当也相处融洽——事实上，专栏作家正在传播可能的幕后绯闻。

对于芭芭拉而言，在《晴朗的日子里你能看见永远》里的角色，是在她蓬勃发展的电影事业中最内容丰富的。在影片中，她扮演了两个角色：

黛西，一个使用催眠法来戒烟的学生；和梅琳达，身着优雅的塞西尔·比顿礼服的摄政时期的英国女士。

她觉得两个角色都部分类似于她自己的个性，胆怯的女孩和女强人，因此她十分享受分饰两角。

在完成《晴朗的日子里你能看见永远》之后，伊夫·蒙当抱怨他最好的场景都被剪切了。这个抱怨似曾相识：安妮·弗朗西斯在完成《妙女郎》之后，也提出了类似的抗议。他们都抱怨芭芭拉而导致的镜头剪切。她认为此举与她毫无关联，而实际上我们可能好奇为何这个女演员，尤其这样一个初来乍到好莱坞的新人，是如何拥有这种能力去迫使导演剪去其他资深演员的戏份的。尽管如此，片酬依旧。

1969 年，芭芭拉·史翠珊、保罗·纽曼和西德尼·波蒂埃创立了他们自己的制片公司，"首席艺术"。这群天赋异禀的超级巨星想要将给予他们完全艺术掌控的公司工作。他们同意没有任何薪水、维持对于预算的严格控制，并对每部电影所获利润平分秋色的做法。1970 年，史蒂夫·麦奎因和达斯汀·霍夫曼也加入了"首席艺术"，作为合作伙伴。

早在 1964 年，当芭芭拉与制片人雷·斯塔克签署了她的《妙女郎》电影版本的时候，她就已同意与星辉制片签署其他三部电影。斯塔克拒绝让芭芭拉饰演范妮·布赖斯，除非他可以把她绑到一个更丰厚的合同上去。芭芭拉的签约星辉之后的第二部电影是《俏冤家》——由赫伯特·罗斯导演，共同主演乔治·席格，根据同名百老汇戏剧改编。《俏冤家》给了芭芭拉第一个非歌唱的角色。

她借此机会来改变自己的银幕形象，比在音乐剧中化更淡的妆，不戴假发，让自己的长发轻轻摆动。作为曼哈顿的妓女多丽丝，她确实有机会饰演比以往任何时候都更自然的荧幕形象；她不得不饰演她的第一场裸戏。

他的丈夫埃利奥特·古尔德——现已经和她离婚了——听说了现场后，告诉媒体记者："我无法想象芭芭拉居然能做到，她是那么的害羞。我知道，她一定对此非常紧张。"然而芭芭拉，在摄像机前优雅的脱去外套，没有丝毫羞怯。

这部电影《你好，多莉!》当时在纽约市的摄制地点即将对外开放。《你好，多莉!》的全球首映当天，史翠珊正与合演乔治·席格努力的在中央公园拍摄场景。

在拍摄现场，席格把芭芭拉扔在地上，羞辱她并且让她哭。但是这个场景并没有奏效。女主角史翠珊，并没有哭。

导演罗斯要求第二次开拍，然后是第三次。她绞尽脑汁，并对此场景获得了适当的动机："我怎么可以在去我的电影之一首映的时候，还没有完成目前电影的体面的一日之劳？我应该感到内疚。"芭芭拉泪如雨下。她并不是演艺方法学校的效仿者，而她入戏的智慧，是通过思考如何用最佳方式去表演每个场景，然后付诸行动。

《俏冤家》对于不知疲倦的芭芭拉来说，几乎是一个休假。大型音乐剧需要花很长时间才能完成；而大多数非音乐剧只需不到一年的时间，这给她在所爱的人与事上空出了更多时间。

芭芭拉已与奥马尔·沙里夫、沃尔特·马修、伊夫·蒙当和乔治·席格合作过。彼得·博格达诺维奇的疯狂喜剧《爱的大追踪》中，与她的合作对象是为另一位截然相反的好莱坞巨星——瑞安·奥尼尔。

芭芭拉看过博格达诺维奇的《最后一场电影》和奥尼尔的《爱情故事》。她想与他们两个共事，而且事实证明她是对的。这个搭配大获成功。据传言——在拍摄期间——芭芭拉与奥尼尔有过一段短暂情史。但当拍摄结束之后，很显然他们的绯闻也就此停止了。

在《爱的大追踪》拍摄结束以后，芭芭拉休整了六个月。在艰苦的拍摄几个月里被忽略的平常的事情，她在此期间得以弥补：照看孩子、处理家事并且拜访亲友。在这半年里，正如她自己所说的那样，她不是一个"明星"，并且她很享受这样，哪怕只是短暂的。

芭芭拉的下一部电影《主妇狂想曲》，是"首席艺术"制片公司的处女座。毫无疑问，玛格丽特·雷诺兹这个角色是她职业生涯中最具挑战性的。这个来自布鲁克林的犹太女孩不得不饰演一个信奉新教的欧裔美国家庭主妇——进入她的白日梦世界，以此来逃脱她的恐惧和厌倦。

芭芭拉可以胜任该角，是她作为一个女演员，演技渐长的强有力证据。根据安妮·理查森·洛芙同名书本改编的电影——《主妇狂想曲》，是她最具个人特色的电影。

芭芭拉玛格丽特·雷诺兹的性格相同，虽然她自己的生活并非这样，但是她对照顾孩子、打理房子、做饭给丈夫吃这些需求所严重限制的生活的沮丧，十分的感同身受。

在影片中，玛格丽特·雷诺兹创造了充满幻想的生活，以对她现有的世俗生活增添冒险。她幻想炸毁自由女神像，同时与菲德尔·卡斯特罗有染。芭芭拉的演出成熟、细致入微，而且完全真实。但这部电影，虽然另类的令人耳目一新，但有在编辑剪切和连贯性上有严重的问题。这是一部没有将她与观众连接起来的电影。

芭芭拉仍有两部电影需完成来兑现她与雷·斯塔克起初的合同。当斯塔克将由亚瑟·劳伦茨写的 50 页的《往日情怀》的脚本给她的时候，芭芭拉认为这肯定会是一部绝佳的电影，并当即决定饰演该片。而谁又能与她合演，关于一个激进的犹太大学生和一个英俊的信奉新教的欧裔美国作家，这一严肃话题的爱情故事？在好莱坞唯一可以匹配芭芭拉票房盛宴的人：金发、蓝眼睛的罗伯特·雷德福，他将塑造哈贝尔·加德纳的形象，凯蒂·莫罗斯基的梦中情人。

饰演了在 20 世纪 50 年代，三十多岁是左派、后来反麦卡锡主义的这一角色，芭芭拉成功的成为了一个绘声绘色的演员。并不是有趣的女士、妓女或者疯子，芭芭拉饰演的凯蒂是聪明、充满活力与思想的女人。

不幸的是，这并不比爱情肥皂剧多任何情节——激进的犹太学生与信奉新教的欧裔美国作家相遇、相守且分离的故事。但芭芭拉的表现在《往日情怀》里却大放异彩。观众甚至都忽略了史翠珊与雷德福的浪漫爱情。这部电影大获全胜。

芭芭拉的下一部电影就没有这么幸运，《娇妻摆乌龙》——一部适合路经观赏的爆米花电影。她塑造了一个愿意做任何事情来帮助老公（由迈克尔·萨拉辛饰演），偿还债务的古怪的纽约家庭主妇。芭芭拉饰演过妓女、牛贩子和秘密特工。她的表演风格是极其广泛的。她的拍摄经历并不是完全的浪费时间。拍摄过程中，芭芭拉遇见了她的下一份爱情——乔恩·彼得斯。至于影片，虽然没有受到影评人的友善对待，但仍保持盈利。

芭芭拉的下一部电影应被称为《妙女郎的儿子》。作为她与星辉制片合作的四部影片里的最终曲，她也被提名拍摄《妙女郎》的续集。芭芭拉不想拍摄《俏佳人》，并且她在影片中的表现完全缺乏先前的戏剧性火花。

她对两部电影之间的区别做了解释："在《俏佳人》里面，我试图表现出范妮·布赖斯的性格特征。我也唱了犹太歌曲，如她在现实生活中一样。

但在《妙女郎》里面，我并没有表现任何人物性格特征，因为我就是其本身。她与我的内在是非常相似的。

但这有点怪异，你知道吧？"

与《妙女郎》一样，《俏佳人》是基于范妮·布赖斯的不幸恋情和她的幸运生涯。在影片中，范妮依然深爱着尼基·阿恩斯坦（由奥马尔·沙里夫再次饰演），但她与由詹姆斯·凯恩扮演的大师比利·罗斯开始了新的恋情。弗雷德·埃伯和约翰·坎德尔，曾创作过《歌厅》，为《俏佳人》执笔了五首新歌。配乐也达到了了比利·罗斯的标准——《那只是个纸月亮》。

这部电影是铺张浪费的；这是自《你好，多莉！》之后最昂贵的好莱坞歌舞片。这部电影最美好的时刻是只有芭芭拉的壮观的音乐韵律和在屏幕上价值几十万美元的风光。但《俏佳人》却远不及《妙女郎》成功。

伴随着《俏佳人》还有星辉公司合约的完成，芭芭拉可以自由的参与在其他明星以及自己的项目之中。她和乔恩觉得这可以与她巨大的天赋相匹配。彼得斯越来越多地参与到她的职业生涯中，有报道说——他要么制作、导演或参与芭芭拉的下一个项目之中，重制《星泪梦痕》。

她原本想推掉这个剧本，但是当乔恩产生了兴趣之后，她又重新考虑，并决定该片应被重制一次（该片有两个早期版本：初版于 1937 年，并于 1954 年首次翻拍）。

芭芭拉觉得这个故事能给她机会，去探寻当今日新月异的社会里复杂的男女关系。这可以来表达她身为女人的心情。

尽管乔恩·彼得斯已经非常成功的在加州发展了他的发廊事业，并且自身是非常富有的商人，但是八卦媒体总是称他为"理发师"，并嘲笑他在芭芭拉的项目中的作用。她拒绝对即将到来的影片里称呼乔恩·彼得斯为制片商这件事情加以关注。她才是执行制片人。

从表面上看，芭芭拉对该片有十足的自信；她似乎从来都不担心失败。然而，这次是她在涉及电影各方面的第一次创业，这个项目对她和乔恩来说都是至关重要的。

她本来想请猫王来扮演男主角；她以为他作为一个演员，有尚未开发的才能，并且珍视他的音乐能力，认为整个经历将对他和他的职业生涯有所帮助。猫王的顾问对此持怀疑态度，因此此次合作机会告吹。相反的是，史翠珊和彼得斯聘请的创作型歌手克里斯·克里斯托弗森来担当，芭芭拉发现他是饰演该角色的最佳人选。

他是一个才华横溢的演员，在《午后曳航》中，他呈现了超强的演绎实力。他同时也是一位成功的歌手，可以与芭芭拉一起伴着吉他唱歌……而且，他相貌不凡。

《星泪梦痕》，由"首席艺术"制作，历时近三年才完成。拥有完美主义的芭芭拉不仅饰演电影，同时也对电影编辑、配声和配乐。她的原创歌曲《常青树》也第二次为芭芭拉赢得了奥斯卡奖。

这部电影也制造了大量的不利宣传。克里斯托弗森去喝酒狂欢时被拍摄到，并告诉了他最亲密的伙伴，与芭芭拉共事比在新兵训练营还要糟糕。导演弗兰克·皮尔森在《纽约》和《领英》志上，公开谴责芭芭拉和她的男友兼制片人："与芭芭拉共事简直是一场噩梦。"

媒体继续用坏词来报道《星泪梦痕》。芭芭拉愤怒了。她用 60 万美金的电影成本来反击，声称这是低于白日预算的电影，并强调她会聘请乔恩，是因为他是一名出色的商人。一起共事使得拍摄按时进行，并根据芭芭拉所言，耗费远低于预算。尽管评论家的不看好，这部片子很快就成为芭芭拉当时最成功的电影。

当《星泪梦痕》在一批有影响力的纽约批评家之中播放预览的时候，他们发出唏嘘声，并让他们回到屏幕里去。他们给了芭芭拉和她的电影，在她的职业生涯中最具破坏性的评论。但观众则是明显站在芭芭拉的这边。万人空巷数以百万计，来看她的电影；超过 500 万份的影视原声带被销售；并且她收到了好几卡车的来信。

她对拍摄的努力被消耗殆尽，情绪因担心拍摄所有阶段的复杂程度而变得委靡不振，并被刻薄的评论深深地伤害了，她需要时间来恢复她的创作能量。

"我想要那种无所作为的奢侈。"她说。"我想把对工作的相同精力投入到我的生活中来。"芭芭拉有时会谈到自己导演一部电影。这似乎令人怀疑，不过，她终有一天会放弃她的演艺生涯的。演艺代表了一种不朽，以此来让人们记住她。电影胶片是延长她生命的一种方式。

在未来，芭芭拉在选择她的电影角色时，已比过去多了很多选择。这些年来，她就断然拒绝了饰演一些电影的主角的机会，包括票房富矿——《歌厅》、《疯狂主妇日记》、《再见，爱丽丝》、《花街杀人王》、《驱魔人》和《鲁灯的恶魔》。

芭芭拉想摆脱仅仅提供逃避现实的娱乐。虽然她不排除这样的电影，但她想拍摄反映重要的社会问题的更加真实的片子。

芭芭拉总是说，"我是一个演员，而不是一个歌手。"而事实是，芭芭拉是一个女演员，也是歌手。

# 6 | 她的奥斯卡颁奖典礼

在她早期职业生涯中，专栏作家曾写道，史翠珊会获得在娱乐领域的每一个奖项：托尼、格莱美、金球奖、艾美奖，而最重要的是，奥斯卡。到了 1968 年，她得到了其中的一些奖项。在舞台上，她并没有通过《妙女郎》赢得托尼奖，不过，她迫切希望奥斯卡通过该角色获得奥斯卡奖。

然而，竞争一直是激烈的：饰演《巧妇怨》的乔安妮·伍德沃德。饰演《冬狮》的凯瑟琳·赫本。饰演《绝代美人》的凡妮莎·雷德格雷夫。饰演《昔日玫瑰》的帕特里夏·尼尔。

乔安妮·伍德沃德被看好取胜；她已经被选为，1968 年由纽约影评人评选出的最佳女主角奖。帕特里夏·尼尔则是好莱坞电影界痴情的选择。

伴随着奥斯卡颁奖典礼的进行，没有人能确定谁将会赢得最佳女主角奖。社会名流们座在观众席里安静地期待着英格丽·褒曼打开信封。她抽出卡片并且宣布：

"这是一个平手！"

已选定两位获奖者：芭芭拉·史翠珊和凯瑟琳·赫本。穿着轻薄的黑色史如丝睡衣的芭芭拉跑过过道，打破了乌烟瘴气的观众席。

她拿起她的奥斯卡奖杯，看着它的眼睛，说："你好，华丽！"

后来，芭芭拉说，她认为奥斯卡颁奖典礼的评选过程是不公平的，因为"艺术无极限"。

她指出，她赢得奥斯卡奖的那年，曾有五大杰出的演出，都应被颁奖。别的年份，有可能真没有很优秀的表演。这是别人已经实施的做法，但艺术科学的电影学院还没有引起重视。

1974 年，芭芭拉被提名获得她的第二个奥斯卡奖。许多评论家同意——她饰演凯蒂·莫罗斯基的表现，是她职业生涯中最好的。事实上，她似乎是获奖的头号人选。

其他获提名的女演员是饰演《夏愿春梦》的乔安妮·伍德沃德；饰演《驱魔人》的埃伦·伯斯汀；饰演《灰姑娘假期》的玛莎·梅森和《金屋梦痕》的格伦达·杰克逊。虽然乔安妮再次荣获纽约影评人奖，大众和好莱坞的赔率制定者，赌芭芭拉赢。

格伦达·杰克逊，一匹令人惊讶的黑马，因她低调的滑稽表演而赢得了奥斯卡奖。芭芭拉被打败了，她感觉自己在《往日情怀》里的表现，是这提名的五个人里最好的。

芭芭拉赢得了第二个奥斯卡奖，而非演戏，而是创作《常青树》——《星泪梦痕》的主题曲。她认为乔恩是她创作该曲的灵感和勇气来源。她总是想写，但不知道她是否能胜任。乔恩一再肯定她，结果就是《常青树》的完成，这成为一个大紫大红的唱片，使得芭芭拉获得在娱乐另一领域的尊重。

# 7 | 没有任何人注意到我

在她二十五周年纪念版的音乐回顾《如坐针毡》里，反问可能是错误的，因为没有人在她带着淡淡的焦虑，用颤音和芭芭拉式的防御性幽默完成一首歌曲的时候注意到她；该唱片的词曲创作者均为哈罗德·罗马。该唱片早在 1962 年就完成了，是芭芭拉的男人缘正在好转的一年。在此之前，很少有男人注意到她。

在高中时，芭芭拉从来没有去参加过任何舞会，也没有在电影院和男孩牵过手，或者在她的公寓门口得到了一个晚安之吻。她几乎是一个独来独往的人，并记得从来不用在新年有约。

她高中的恋情是在学校中唯一可以匹配她的怪异的孩子——鲍比·菲舍尔，后来他成为世界象棋冠军。

比芭芭拉年幼一岁，他尽可能多的独来独往，这和芭芭拉一样。鲍比一直很保持自己的性格，避开其他同学，经常独自坐在学校食堂戴着耳罩，阅读《幽默杂志》，并会在听了笑话以后大笑。他们经常一起吃午饭。"我发现他很性感，"芭芭拉回忆说。"即使在当时，你可以说他是个天才，你知道我们谈论什么？《幽默杂志》。"

当芭芭拉十八岁的时候，她有了第一次性经历，和她在纽约市遇见的一个年轻的男人。"这是奇妙的，同时也是糟糕的，"她回忆到。"根本没有浪漫可言。"在那之后不久，在纽约市外的她的第一个歌唱订婚日，她遇见了斯马特尔斯兄弟的汤米·斯马特尔斯，并与他约会。

在她 19 岁之前，芭芭拉的浪漫生活都没有真正的花火。1962 年那年，她被即将到来的百老汇音乐剧《我可以替你批发》给予了试镜机会。独自一个站在台上，穿着旧货商店的褴褛的皮草，还有与口红配套的紫色运动鞋，芭芭拉为她命运多舛外百老汇演出唱了一首歌——《与哈里·斯通斯的另一个夜晚》。制片商还要求她唱了许多其他的歌曲。

她用《我是否在广交会上停留太久》火热演绎突破了试镜。她震惊了一小部分听众。其中有一个高大潇洒的猛男，他才刚刚签署担任《我可以替你批发》的主角。他的名字是埃利奥特·古尔德，他坐在空无一人的影院里静静聆听。

芭芭拉唱得非常动听；然后，她趁机告诉大家，那天她安好了她的第一个电话机。她大声喊出她的电话号码，并恳求任何人给她打电话，哪怕只是给她噩耗，告诉她没有得到那角色。

试镜后，埃利奥特给了她一支雪茄。在光线昏暗的剧场，她和他一起抽了一根。那天晚上，埃利奥特给了芭芭拉打了电话。"你是令人惊艳的，"他说，并挂断了电话。诱饵已设置好。和芭芭拉得到马暮斯兰小姐的角色——没有人会想过诱惑的秘书。

23岁的男主角和19岁的雪茄女孩开始相互见面。埃利奥特说，"她是无辜、脆弱又胆小的。我真的迷上了她。我想我是第一个这样的人。"

他们早期在一起的日子是诗情画意的。埃利奥特放弃去寻觅美丽的唱诗班女孩，那曾是他生活的重要组成部分。在《我可以替你批发》的百老汇预演里，马暮斯兰小姐和她的男主角如胶似漆。

当演出终于来到纽约市，埃利奥特搬入芭芭拉62.50美元每月的怪异的公寓。这座公寓坐落在第三大道和第六十街，餐厅"海的奥斯卡盐"的楼上。餐厅的油烟弥漫了芭芭拉的公寓。她也不在意。她沉浸在爱里，并坐上了成功和备受好评的列车。

芭芭拉与埃利奥特的生活是她从未经历过的。她终于度过了她的童年，虽然晚了二十年。纽约成了他们的游乐场，多姿多彩的丛林健身房。他们一起度过好多时间，看关于硕大毛毛虫和茄子，吃例如匹兹堡和克利夫兰这种大城市的恐怖电影。他们狼吞虎咽布雷耶的咖啡冰淇淋——成堆成堆的。夜深了，他们会去唐人街，芭芭拉熟悉的中国餐馆，点对于大多数西方人陌生的外来商品。

在《我可以替你批发》被简要百老汇宣传后，芭芭拉和埃利奥特不得不将大部分的时间用在自己的职业生涯里。芭芭拉回归唱歌事业，录制了她第一张最成功的专辑——《芭芭拉·史翠珊同名专辑》。

届时，她大受欢迎，坐飞机去加州的戴拿·舒秀，并且在全国各地的夜生活场所演出。1963 年 3 月，埃利奥特在伦敦，出现在一个不成功的制片《在镇上》里。他们分居带来了紧张和不快。

他们给彼此写了冗长、优美又充满洞察力的信。当埃利奥特回到美国的时候，他的女朋友是国内最有名的歌手。在分开又重逢的一年半以后，1963 年的 9 月 13 日，芭芭拉和埃利奥特在内华达州的卡森市结婚。

钱，比芭芭拉曾经梦寐以求的更多的钱，从她的作品中涌出。她要求每周 5,000 元的夜总会演出，并且唱片突破了百万销售大关。她决定要享受她的暴发户生活。

在新婚第一年，古尔德一家搬进了位于中央公园西面的豪华公寓——拉里·哈特（罗杰斯和哈特）曾在那里居住过。

宽敞的六房豪宅装饰着黄金唱片，范妮·布赖斯的乐谱原稿，总统肯尼迪和约翰逊的亲笔签名和照片，剧场签名和其他丰盈的大事记。

家具是不拘一格的，大多是芭芭拉在曼哈顿的古玩店突袭而找到的。其中有数以百计的二手帽子和鞋子、彩色玻璃、老船长的办公桌，还有葡萄牙古董椅。这些可以与伊丽莎白女王四柱的皇家比例相抗衡。

厨房也是独一无二的；是用红色漆皮做的。那冰箱里面呢？未发酵的面包布莱、鱼丸、合适的香肠、鱼子酱、玉米馅饼、冷冻鸡肉，电视晚餐，和好几加仑的咖啡冰淇淋。

不幸的是，新来的财富会对年轻夫妇带来压力。据埃利奥特说，"当成功来了，芭芭拉和我开始失去一些东西。我不知道该怎么称呼它，但对我们的需求增加。这是一个艰难的过渡，因为我们已经在一起这么久了。"

虽然他们花钱如流水，他们也试图过简单的生活——这是典型史翠珊式矛盾。她试图靠 25 美元一个星期津贴来生活，但同时也会买一辆奶油色的宾利。

通常情况下，古尔得夫妇会开车到位于 34 街的垃圾食品餐厅——零食时光。他们可以在那里买 35 美分的热狗和玉米，然后座在后座上吃。

芭芭拉在《妙女郎》里的成功，也加剧了他们不稳定关系的恶化。正如埃利奥特所描述的那样，"我们的战斗是特别困难的，因为我们是真正的人，而不仅仅是两个档案或两个漂亮的杂志封面。我们真的彼此相爱。"因此，他们计划创建一个家庭。

早在 1966 年，芭芭拉饰演的伦敦版《妙女郎》的时候，她就宣布了一个令人震惊的消息——她要生孩子了。怀孕意味着——芭芭拉将不得不取消价值 100 万美元的上镜。

记者媒体们疯了，称未出生的孩子为“百万美元宝贝”。芭芭拉对强调金钱而感到恼火；她所关心的全部是宝宝的健康。

她开始思考孩子的名字，决定萨曼莎是很好的女孩名。（如果她成为一个假小子，那她可以被称为山姆。）

如果宝宝是男孩，他会被取名杰森·伊曼纽尔，为纪念芭芭拉的父亲伊曼纽尔。

她会与任何愿意听的人，讨论她的育儿观点。考虑到她的经济成功可能会宠坏一个年轻人，芭芭拉坚持认为她的孩子只被允许享受简单的事情，“像纸和核桃壳”，不仅是昂贵的玩具。

她敏锐地意识到需要给孩子很强的自信感，并确保它会感受到爱和希望。

1966年12月29日，杰森·伊曼纽尔·古尔德在西奈山医院出生，健康并且有7磅12盎司重。芭芭拉喜爱怀孕的经历；她说，在九个月里，她感觉到自己的“生产性”，并且儿子的出生给了她极大的满足感。

他们儿子的诞生对于芭芭拉和埃利奥特都是喜讯，因为他们在一起的时间极为有限。芭芭拉作为电影片女演员的新生活才刚刚开始。在短短的几年里，她将出演三个主要的好莱坞音乐剧：《妙女郎》、《你好，多莉！》和《晴朗的日子里你能看见永远》。

由于紧张的拍摄日程，芭芭拉在比佛利山庄买了一栋房子，可以在纽约上下班来回，以便可以和她的丈夫一起。可不幸的是，他并不总是在家里。他也有自己的事业，而且也才刚刚开始。

他在纽约拍摄吉尔斯·菲勒的《小型谋杀案》，并且在里面饰演主角，后来有了他第一个真正主演的角色，《春色满瀛台》。后来，他凭借在《两对鸳鸯一张床》里的演出，获得电影明星的地位与奥斯卡奖提名。

于是两个人比以往任何时候都更少见到对方，他们的分居则是由报刊报道的芭芭拉涉嫌丑闻的事物所导致。

"芭芭拉和奥马尔在恋爱，"令人震惊的头条新闻。而事实上，埃利奥特的确有理由担心。与芭芭拉一起饰演《妙女郎》的男主角，总是在芭芭拉身边，并且这些照片随处可见。有人看见她与他一起在好莱坞，并且在他的私人酒店套房共进晚餐。然而，他们关系的实质是什么不重要，因为现在，芭芭拉精力的真正不可抗拒的对手——是她的工作。

她迷恋上了她的电影生涯。她会经常带年轻的杰森一起追求她的工作。

1969 年 1 月，专栏作家厄尔·威尔逊在《纽约邮报》中写道："芭芭拉·史翠珊和她的丈夫正在经历婚姻问题。这个问题是私人的，并且他们两个都不会讨论这些问题。但他们越离越远，比现在里程将他们分开的还要远。"

打雪仗和咖啡冰淇淋狂欢正在消融。1969 年 2 月，芭

芭拉和埃利奥特发出联合声明:

"我们用分居来拯救我们的婚姻,不要去破坏它。"芭芭拉告诉记者,她还在疯狂地爱着她的丈夫。

分居后不久,芭芭拉开始约会——这是她以前从来没有真正体验过的。其他男人里,她看到了很多人,潇洒的查尔斯·埃文斯,鲍勃·埃文斯的弟弟,其后来是派拉蒙电影公司的总裁。她显然是在享受她的分居。

在1969年后期,另一对好莱坞夫妇,沃伦·比蒂和朱莉·克里斯蒂,分手了。比蒂是芭芭拉"勒夫国王"时期的电影偶像。

在布鲁克林念高中的时候,她看着比蒂与娜塔利·伍德共同饰演的《天涯何处无芳草》,立即与暗恋的人坠入爱河,就像许多其他的十几岁的女孩一样。

芭芭拉的梦想终于实现了,虽然当时她和沃伦简短的坠入爱河,但足够好莱坞专栏作家对最新电影明星恋情制造出丰富的拷贝。

芭芭拉的情感生活,不仅为美国影迷杂志制造了拷贝,同时也为那些发布在世界其他地区的,制造了大量的来源。1970年,她约会迷人又称心如意的皮埃尔·特鲁多,加拿大总理。当他护送她到安大略省的一家一流的艺术中心后,他勇敢地打开豪华轿车的门,护送她。

不久,特鲁多向芭芭拉求婚,当她在犹豫的时候,他又多提了几次。然而芭芭拉爱他。虽然他是她的年龄的两倍,特鲁多却是一位英俊、聪明又极具魅力的人。

芭芭拉被加拿大第一夫人的想法所陶醉，还有这样带来的令人兴奋的变化，例如立场。她会拥护特鲁多竞选；参与政治，因为他相信；并好好学习法语，直到她能流利沟通。

唯一的问题是：加拿大离加州南部太远。限制芭芭拉的职业生涯的不断提升就不用提了，而且他们彼此都知道这样的关系不会长久，因为她很多时间会在好莱坞，而特鲁多则在多伦多。他们分手后依然是很要好的朋友。

芭芭拉下一个著名的护花使者是瑞安·奥尼尔，他从饰演《爱情故事》之后，已是票房的明星。在彼得·博格达诺维奇导演的《爱的大追踪》里共事，给了彼此一个迅速又强烈的了解对方的机会。

芭芭拉发现，奥尼尔，就像对是她是重要的其他男人一样，尊重她的才华和能力，而不会迷失在对她的敬畏之中。纵观他们的恋情，他们尽可能的谨慎和低调。

一旦共事的亲密关系结束了，他们开始渐行渐远，他们之间的关系在这部电影完成后不久便结束了。

虽然在她身边很少缺乏男人，芭芭拉没有找到她与埃利奥特在一起的亲密感或安全感。后来，在 1973 年 8 月，她认识了乔恩·彼得斯。

芭芭拉在拍摄《娇妻摆乌龙》的时候，预约了彼得斯，好莱坞著名的发型师，来设计她假发之一的造型。"这真是羞辱，"他怒道，"我不摆弄假发。"

芭芭拉常因她的各种发型被指责——罗纳·巴雷特尖刻地评论说，其中一个看起来像"两箱钢丝绒挤压在一起，"另一位评论家声称芭芭拉与乔恩·彼得斯在一起的真正原因是，她可以在家里有她自己的"居内又迅速的理发师"。

彼得斯不是被史翠珊的才能吓倒；他有理由相信，他只是在自己领域是有才华的。事实上，乔恩·彼得斯，络腮胡并且时尚，而且已经自己积累了相当多的财富。他在比佛利山庄、恩西诺和伍德兰希尔斯的美发连锁沙龙收入就超过 10 万美元每星期。据说，他同时也是一个臭名昭著的情圣，他的风流是由沃伦·比蒂在电影《洗发水》里重塑的。

乔恩，与当时的电视女演员莱斯利·安·沃伦结婚，并很快就和妻子分居，搬去芭芭拉宏伟的荷尔贝山小庄园。

一半切诺基和一半意大利风，乔恩的脾气和固执与芭芭拉刚好合适。他将很快放弃美发业，成为她的制片商和新的形象设计师。

"我没有爱上她明星之旅的独立，"彼得斯坦言。"我被她迷住了，当然，还有好莱坞。你可以形容我们的关系为一种创造性的双赢"。

似乎是这样的。与乔恩的鼓励和支持下，芭芭拉开始着手涉及新领域的娱乐行业，从电影制作到作曲。他的精力和热情给了她前所未有的才能源泉，并且他的想法激发了她的创造力。

彼得斯开始在芭芭拉的职业生涯计划上花更多的时间。他制作了极具争议的唱片,《蝴蝶》的名字对他们有特殊的意义。

当他们第一次见面时,乔恩曾告诉芭芭拉,她让他想起一只蝴蝶,并给了她一只 100 岁的印度蝴蝶作为象征性的纪念。

在她忙碌的职业生涯,第一次,她开始以一个悠闲的步伐开始生活。这对夫妻在马里布买了一个农场。

彼得斯设计房子,芭芭拉负责布置和装饰,在古董店寻觅与众不同的物件,以致在此过程中逐渐变成一个专家。这对她来说很有趣,她会让她回想起那些她和埃利奥特一起装饰他们第一个公寓时候,在纽约旧货店寻觅的日子。芭芭拉似乎会自发性的寻觅一些在她与埃利奥特在一起第一年发生的事情。

她和乔恩拒绝在佳晟或其他加州特有的餐馆就餐。相反,他们开着她的美洲狮,到处寻找冰淇淋场。她会告诉记者:"我们更喜欢麦当劳。"

他们会花好几个小时在芭芭拉的美丽庄园骑马,并沿太平洋海岸散步。她似乎与自己平静相处、放慢脚步,并花更多的时间来陪她的儿子杰森、钩针、烹饪、回到学校。这是她一生中最美好的时光。

彼得斯已经准备了好几年和她结婚,但她,似乎,并非如此。首先,芭芭拉想成长为一个人母。婚姻在未来。

也许它永远不会发生。芭芭拉也没在意。她形容自己是前所未有的幸福的。

# 8 | 假如一个女孩不漂亮

在她孩提时期，芭芭拉·史翠珊一点都不漂亮。她被认为是平凡并且没有吸引力的，全区别的孩子相对她来说，都非常出众。"鸟嘴！""鸟嘴！"他们嘲笑她，完全不顾她的痛苦感受。在她九岁的时候，住在她家附近布鲁克林区的女孩有时会联合起来，把她围在中间，嘲笑她、讥讽她，直到她挣脱，哭着跑回家。

芭芭拉需要认同感。荷叶边连衣裙，会显得她非常别扭又瘦小，她必须找到一种适合自己的穿衣风格。她下定决心要让自己变得独特而美丽，让别人都来关注她。

一天下午，她得到了一个灵感。在她少年时期，有一次她跟朋友苏珊·杜沃考维兹在地铁上。苏珊已经开始学着化妆让自己的脸看起来更白皙。人们惊奇地盯着她，完全无视了坐在边上的芭芭拉。这给了芭芭拉一个启示，一个她一直在寻找的灵感；假如她要从同学中脱颖而出，那么她也必须要与众不同。她决定要制造出属于她自己的风格。

但是什么风格呢！芭芭拉开始拿她弟弟谢尔登的绘图铅笔做试验。她并没有用它们画素描，她用它们来涂抹自己的眼睛。绿色、蓝色、棕色、黄色——她的脸变成了活生生的调色盘。她发现白色的化妆品，并且混上她母亲紫色的口红——结果会使她的嘴唇呈现出一种奇怪的紫罗兰色的渐变效果。有一天，她漂白了自己的头发根部，结果是她一点也不喜欢那种古怪的渐变金色。于是她清洗了并改变了颜色，并把头发染成了蓝绿色。

在青少年时期，芭芭拉花很多时间在影楼里，自拍一些性感的照片，照片中的她涂着不同渐变色的睫毛膏。为了弥补未发育的体型，她在自己的胸罩与内裤里塞面巾纸。

化妆品毫无疑问，使她在走过伊拉莫斯高中的大厅时变得引人注目。她的同学给她起了个绰号"五彩缤纷"。她渐渐的明白了对她而言，什么才是适合的。

试了不同服装、发型、妆容后，芭芭拉选定出一套为自己量身定制的最佳组合，这使她与众不同。

当她于1959的夏天顶着一头褪色的红发，带着偏白妆容、绿色眼影，来到曼哈顿，她的样子活脱脱看起来像一棵圣诞树。她的装扮会随着心情任意变化。有时她会穿着黑丝袜，披着一头长发，还有军装上衣随意地批在肩上，看起来就像格林威治村的嬉皮士。

随着省钱模式开启，芭芭拉开始穿梭于旧货店、廉价品地下室和古董店，来筹措一身任何人在职业生涯中迈出第一步所需要的行头。她不喜欢传统的缎制或者饰珠类服装，因为许多夜店驻唱歌手这样穿。相反，她更乐意找些与众不同的东西。

有一段时间，她最喜欢格子布风格的简单衣着。她偏向于从旧货店里购买另类的商品，低价购买不寻常的衣服和配饰，而这些往往只穿戴几次便被丢弃了。她第一次在"晚安"订婚时，当时只穿着一件 4 美元的黑色长裙，2 美元的波斯马甲，还有一双顶部装饰着大颗银扣的旧白色缎制鞋。

她的形象作为一个个人主义者，开始吸引人们的注意。她对当前流行趋势的不妥协和廉价地下商店拼凑出来的形象，在纽约时尚设计师中掀起狂澜大波。"这个女孩做的一切都是错的，"他们坚持道。然而服装、羽织围巾、社会废弃物，还有裘皮大衣似乎也是有意义的——至少对芭芭拉来说。她第一次在电视上露面是在 20 世纪 60 年代早期，她的话让大卫·萨斯坎德大为震惊，"我吓到你了，不是吗？至今为止我都在潮流的外围，现在我在里面。"

当芭芭拉的歌唱生涯已稳固开始后，她开始为自己设计个人服装款式。她会在游走商店间看他们在展示什么，却发现，对自己最好的设计理念在纽约博物馆中。

芭芭拉丑小鸭的形象将会逐渐消失，最后或许只保存在她的记忆中。芭芭拉，这个年轻女子，正在成为强有力的演绎者，创造了一个时尚宣言，得到了不只她的观众、而且还有时装界的重视。而他们不只是评论她的衣服。这一次，他们都在谈论她的容貌，她的美丽。

到 1964 年，她出现在所有成功的时装杂志的封面。当年 12 月，她出现在《时尚》杂志（时尚杂志的精髓）的插页。

他们描述 1964 年为，"芭芭拉·史翠珊美好的一年。"文章部分的描述，"没有人知道她的容貌，她的古怪，引人注目的方式，脖子的长度，眼睛的倾斜，嘴的圆弧度。但是她知道如何将她的胳膊，她的双手以极其优雅的方式移动。"

美国各地的家常女孩和壁花少女开始对自己的外表感到自豪。如果芭芭拉可以是漂亮的，她们也可以。当芭芭拉改变了她的发型，她们也如此。为布鲁克林歌手生产的新款睫毛膏？外观是由成千上万的旧款纯简氏复制的——现在腾空出世了。

她吃什么？她读什么？来自布鲁克林的瘦女孩现在是奈费尔提蒂。她打破了原本美丽的啦啦队长的刻板印象，并创造了自己的魅力。即使是世上最帅气动人的男人，都要多看这位时尚新女王两眼。

芭芭拉·史翠珊与格洛丽亚·范德比尔特、夏洛特·福特、柯克·道格拉斯夫人，和罗斯·肯尼迪的共同点在哪里？1966 年，她被提名列入这些时尚女王的行列中，成为世界最佳着装女性之一。

在给予芭芭拉时尚桂冠的时候，纽约时装组称赞她非凡个性和万无一失的时尚直觉。她参观了巴黎各大时装展厅。当她出现在香奈儿工作室，身着美洲虎皮服混搭毡帽，即使是模特都盯着她独特的风格和美丽看。她是一个不可忽视的女人，不论是在时尚还是娱乐方面。她现在是一个抢手的模特了，并穿着超级流行的创作，优雅地登上了世界的时尚杂志。

在 1968 年 4 月 1 日，一篇题为《捕捉光芒的女孩》一文中，由《时尚》杂志出版的，芭芭拉·史翠珊的着装引发了评价："她把苗条和一些死板还有很多零碎的掺杂到了她版本的年轻时尚个人主义中……她的所作所为已经把严苛的个人时尚主义者吓倒了。她以她独特的方式，散发出别的明星没有的光芒，吸收、保存并且冷藏它。并且芭芭拉·史翠珊，这个浪漫的人，需要的是做一个漂亮的女人使得自己迷人，这已经激发了新的审美。修长并且精雕细琢的手、容光焕发的肌肤、变化的微笑、高挺的鼻子，它们都是不可抗拒的力量来加强她独树一帜的风格。"

她的指甲已经成为一个风向标：多年来，她只留很长、精心修剪的指甲，以衬托她修长、富有表现力的手。

在《星梦泪痕》的拍摄期间，芭芭拉只好夹着她的指甲弹吉他。起初，她只剪了右手的指甲。

后来她发现，较短的指甲使她能够做到之前很难或根本不可能的事情。她可以更容易的从事园艺和煮饭。

但随着芭芭拉变得富有，她已经知道去购物狂欢，这使得百货公司经理高兴坏了。

芭芭拉风格的意义并不仅限于她的衣橱或她的妆容。她喜欢漂亮的东西，在她身上，或者在她周围。她是一个优秀的室内设计师，用她不拘一格的品味来达到非凡的效果。芭芭拉的第一个纽约的公寓，在"海的奥斯卡盐"餐厅上面的那间，是垃圾和古董，媚俗和常识的迷人混合。

她对待她的装饰像对待她的事业一样认真。当她搬进拉里（洛伦兹）·哈特，在中央公园西宽敞的公寓，她用她创造性的想象力，用可找到的最优雅的古董、韦奇伍德的水桶、堂皇的木质书桌和葡萄牙椅子来装饰房间。她曼哈顿的住所，拥有红色漆皮的厨房，只是一个展示。

芭芭拉的装饰天赋完全展示在她完成了的 50 年的加州庄园的室内设计里——刊登在 1974 年 8 月的《美丽家装》，受他人尊敬的室内设计期刊上。这是一个振奋人心的新艺术和装饰艺术风格的组合。在她豪宅的入口门厅，芭芭拉已经挂了由著名画家阿方斯·慕夏创作的莎拉·伯恩哈特的雄伟肖像。整个房子，充满了气势恢宏的纹理、闪耀的水晶吊灯和优雅的银片。

芭芭拉甚至有一个垃圾房专用去感悟。她的电影很多纪念品都摆放在那里。这个房间，像她在家中其他的房间一样，代表她的生活——无价的古董；多样化的设计、时期和思想的大胆融合；执着培养的美感。芭芭拉准确的品味在这一切体现的特别明显，正如她对待她的工作一样。无可厚非的是，她把她的个人特性贴在一切事物上。

# 9 ｜ 结语

这本书记述了芭芭拉·史翠珊直至 1979 年的生活和事业。这一标志性、天才的故事，还没有被完全写入，但她传奇的"贴在一切事物上的个人特性"已经获得成功——在 2014 年 2 月 1 日在巴罗街剧院开幕的好评如潮的剧《买方和地下室》（编剧乔纳森·托林斯，导演斯蒂芬·布拉凯特）中。

www.ingramcontent.com/pod-product-compliance
Lightning Source LLC
Chambersburg PA
CBHW071623040426
42452CB00009B/1466